Vesna
Krmpotic

Klang der Seele

Zweimal 108 Botschaften
aus der Quelle des Seins

*Aus dem Kroatischen von
Hedi Blech-Vidulic*

ISBN 3-89767-126-3

© Copyright Schirner Verlag, Darmstadt
Erste Auflage 2002

Alle Rechte der Verbreitung vorbehalten

Umschlag: Murat Karaçay
Illustrationen im 2. Teil aus: Klaus Holitzka, Feng Shui Energiebilder: • Landschaften • ZEN-Gärten
Redaktion: Bruckner Sprachendienste, Bad Homburg
Satz & Endredaktion: Kirsten Glück
Druck: Legoprint, Lavia (Italia)

Inhaltsverzeichnis

Wie es zum Entstehen dieses Buches
und späteren, gleichartigen Büchern kam 7

Die ersten 108 Botschaften 13

Die zweiten 108 Botschaften 141

Nachschrift 255

Klang der Seele

Wie es zum Entstehen dieses Buches und späteren, gleichartigen Büchern kam

Im Frühjahr 1990 begann ich, spielerisch und fast absichtslos, etwas aufzuschreiben, das ich mit „Botschaften" bezeichnete, obwohl ich nicht wagte, sie ohne Anführungszeichen so zu nennen. Zuerst schenkte ich ihnen keine besondere Aufmerksamkeit; aber im Laufe der Zeit kamen sie immer häufiger und wurden immer interessanter für mich: Sie gaben mir nämlich stets Antworten auf von mir gestellte oder auch nicht gestellte Fragen und boten Orientierungshilfe, wenn ich einmal zweifelte. Ich schrieb sie rasch auf, ohne zu wissen, wie der Text weitergehen würde, und meist ohne jegliches „Frisieren".

Die Mitteilungen überstürzten sich schließlich, und manchmal notierte ich bis zu zwei Dutzend täglich. Ich wußte nicht recht, was ich von dieser neuen, mir aufgezwungenen Arbeit halten sollte, doch dann beschloß ich, nicht lange nachzudenken, das Diktat anzunehmen, ihm nicht im Weg zu stehen. Das, was diktierte, kann man Eingebung nennen, höheres Bewußtsein oder Über-Ich. Ich aber erkannte in dieser Eingebung oder diesem Über-Ich auf spezifische und konkrete Weise die Gestalt des **Avatars**[1] aus Puttaparthi[2]; ich fühlte, daß Er mich zum Schreiben antrieb, wie er das auch mit manch anderen tat (zum Beispiel Lucas Ralli aus London). Aber mein Verstand war nicht sicher, ob es sich nicht um ein selbstgefälliges Spiel seiner selbst handelte.

Am 7. Juli 1990, am **Guru Purnima**, dem Festtag des Höchsten Lehrers, schrieb ich die zunächst letzte, die hundertundachte Notiz. So wurde in den Kreis einer Gebetskette von hundertundacht Perlen ein Punkt gesetzt. Daraufhin ließ mein Schreibdruck nach.

Die Botschaften lasen wir dann in kleiner Runde, und stets trafen sie genau den Zustand dessen, der eine Antwort von ihnen ersuchte. Die Antwort bekam man auf einfache Weise: Entweder öffnete man das Manuskript aufs Geratewohl oder man wählte eine bestimmte Nummer. Ich dachte, nun hätte diese

---
[1] Avatar: menschgewordener Gott; [2] gemeint ist Sai Baba

Art des Schreibens ein Ende gefunden – und ahnte nicht, daß es erst der Anfang war.

Im Frühjahr 1991 hielt ich mich in dem wunderschönen Ort der Begegnung „Mother Sai" bei Milano auf. Und während ich wegen des „Zeitverlustes", dessen Ursache der Flugplan war, leise murrte, begann ich einen neuen Platzregen von Botschaften niederzuschreiben, eilig, in Sätzen, die schneller waren als meine Gedanken – ich wurde nur ihres Fluges gewahr. An jenem ersten Tag schrieb ich vierunddreißig Botschaften auf. Und ein neues Buch, wiederum bestehend aus hundertundacht, war bald danach beendet.

Im Juli desselben Jahres fuhr ich mit einer größeren Gruppe in den Ashram des Sai Baba, in Prashanti Nilayam. Und wieder kam der Festtag des Guru Purnima, diesmal in dem Land, aus welchem Friedens- und Weisheitsbotschaften ausgestrahlt werden. Ich hatte beide Manuskripte mitgenommen und hoffte, der Avatar würde mich endgültig überzeugen, ob sie ... oder nicht.

Sofort nach der Landung in Bombay konnte ich nicht anders – ich mußte schreiben, das dritte Buch beginnen. Sechs Tage lang schrieb ich. Ich schrieb auf den Knien, auf dem Schoß, wobei ich auf **omkar, darshan, bhadjane**[3] wartete. Danach begann ich – wieder auf den Knien, auf dem Schoß, wobei ich auf omkar, darshan, bhadjane wartete – das vierte Buch, beendete es, begann das fünfte, beendete es: alles in allem, drei Bücher in dreiundzwanzig Tagen.

Und während ich schrieb, gab Sai Baba mir einige Male mit der Hand ein Zeichen: Schreibe! Mit unsichtbarem Bleistift schrieb er auf unsichtbarer Luft. Viele sahen es, und jedesmal liefen sie zu mir, um mir davon zu berichten. Dieses Zeichen sahen wir neunmal. Aber ich wartete auf ein noch untrüglicheres Zeichen. Und das ereignete sich eines Nachmittags vor bhadjane-Beginn. Baba hatte schon den **mandir**[4] betreten. Auf mein Papier senkte sich

---

[3] Begriffe aus dem hinduistischen Ritus; omkar: Gott/darshan: Gotteserfahrung/bhadjane: Zusammenkunft der Gläubigen; [4] mandir: Tempel, Ort der Zusammenkunft

Klang der Seele

der Satz: „Mein Wort an dich ist etwas, was du nicht schreiben könntest." Mit dem Bleistift in der Luft hielt ich plötzlich an und flüsterte in meinem Innern: „Das bist also Du?" Im gleichen Augenblick betrat Baba die Vorhalle des mandir, wandte sich in meine Richtung und machte mit der Hand klar und eindeutig das schon bekannte Zeichen: Schreibe!

Nicht verwundert, aber dennoch verblüfft, setzte ich mein Schreiben fort. Aber irgendwo fühlte mein Verstand kaum wahrnehmbare Zweifel. Wenn er wenigstens zu mir träte, um mit der Hand meinen Text zu berühren ...

Und eines Tages blieb Sai Baba vor mir stehen, legte die Hand auf beide Manuskripte, sah mich an und lächelte, als wolle er sagen: „Bist du jetzt zufrieden?"

Das ereignete sich im Juli/August 1991. Anfang September desselben Jahres befand ich mich in Skopje. Dort gab ich beide Manuskripte einem Freund, der Verleger ist. Beide Bücher wurden Ende des Jahres herausgegeben. Von dem Augenblick an, als sich die HAND segenbringend auf die Manuskripte legte, gewannen diese an ungewöhnlicher Geschwindigkeit in Richtung Verlag und Öffentlichkeit.

Schnellschrift und Eildruck – vielleicht deshalb, weil es höchste Zeit ist, weil es höchste Zeit ist, weil es höchste Zeit ist.

V. K.

Die ersten 108 Botschaften

1 Vom inneren Tempel

Vom inneren Tempel führt der Pfad zum äußeren – und nicht umgekehrt.

Einen äußeren Tempel ohne einen inneren zu errichten bedeutet Zeit- und Kraftverlust; ein solcher Bau bringt Unruhe in die Natur und zwischen die Menschen.

Deshalb sei eure erste Pflicht die Berührung mit Mir, dem Bewohner des inneren Tempels. Das soll eure Grundaufgabe, eure Pflicht und euer Ziel sein.

Versucht nicht, die Unvollkommenheit des inneren mit Größe, Schmuck und Ruhm des äußeren Tempels zu vertuschen. Falls der äußere nicht die Widerspiegelung des inneren ist, sollte man ihn nicht bauen. Verschwendet nicht Kraft, Geld und Zeit an bauliche Unternehmungen ohne innere Deckung.

Deshalb wendet euch in euch Mir zu, was bedeutet: Folgt Meiner Lehre von Frieden, Liebe, Selbstkontrolle und Moral. Eine schnellere Art zu bauen als diese gibt es nicht.

2 Vergiß nie, daß Ich Mich in jedem befinde

Vergiß nie, daß Ich Mich in jedem befinde – und wenn du mit einem Menschen redest, dessen beschränkte Art zu denken und zu erleben dich bestürzt, dann erinnere dich, daß Ich Mich auch in ihm befinde, nur ein wenig besser versteckt als in anderen.

Deshalb erinnere dich daran, daß du mit Mir redest, sprich also zu Mir, dem Versteckten, und kümmere dich nicht um die Maske, die Ich trage.

Und denk daran: Wenn du zu Mir sprichst, läßt du Mich zu Worte kommen. So werde Ich immer zu Mir sprechen. Und es gibt kein Hindernis, das Meinem Wort, das sich in Mein Ohr ergießt, lange widerstehen könnte.

3 Ich gebe dir Kraft

Ich gebe dir Kraft, eine Säule des Friedens in deiner Familie zu sein.

Ich gebe dir Kraft, Verständnislosigkeit und Torheit zu verzeihen.

Ich gebe dir Kraft, dir selbst zu verzeihen, wenn du Fehler begehst – denn auch Ich verzeihe dir.

Ich gebe dir Kraft, deinen Schmerz und deine Verletzungen, ungeteilt mit anderen, Mir zu geben.

Ich gebe dir Kraft, deine Freude und deine Begeisterung, geteilt mit anderen, Mir zu geben.

Ich gebe dir Kraft, leicht zu sein wie ein Flaumfederchen – du brauchst keine Flügel, du brauchst Schwerelosigkeit.

Ich gebe dir Kraft, Mich nicht mehr um Kraft bitten zu müssen, sondern selbst Kraft zu sein.

4 Ich bin das Fundament, Ich bin das Dach

Ich bin das Fundament des Tempels, den ihr errichtet.

Ich bin das Dach des Tempels, den ihr errichtet.

Ich bin der Erbauer des Tempels, den ihr errichtet.

Ich bin der Bewohner des Tempels, den ihr errichtet.

Ihr seid Meine Arbeiter, die Ich rief und die ihr Meinen Ruf hörtet.

Hört auf Meine Stimme, und die Steine werden sich von selbst zu Mauern aufschichten. Kein anderes Werkzeug und keine Maschinen werdet ihr brauchen. All euer Schweiß und eure Mühe sind die Leichtigkeit, bei Mir zu sein. Eure ganze Arbeit ist Ergebenheit.

Die ersten 108 Botschaften

5 Jeden Augenblick ist ein anderes Weltall im Spiel

Jeden Augenblick ist ein anderes Weltall im Spiel.

Jeden Augenblick schaffst du selbst neue Möglichkeiten; und das Weltbild ist in jedem Augenblick ein anderes: Neue Verhältnisse schicken dir eine Einladung zum Gastmahl oder zum Krieg. Schranken auf noch unbekannten Straßen heben sich. Herbeigelockt von deinen Wünschen, tauchen allerlei Szenen aus verschiedenen Winkeln auf.

Begreife: In deiner Hand liegt das Kaleidoskop der Welt.

Und je nachdem wie du es drehst, werden neue Symmetrien und neue Anziehungskräfte geschaffen und Mittelpunkte anderer Formen und Farben.

Sei immer bereit, das Gestern zu vergessen, an das Morgen nicht zu denken und heute nach dem Weltall zu greifen, das du selbst ermöglicht hast.

6 *Das Morgen sorgt für das Morgen, Ich sorge für dich*

Das Morgen sorgt für das Morgen, das Gestern ist stromabwärts geflossen.

Rufe nichts herbei, halte nichts auf, erlaube dem, was du hast, daß es dich hat.

Deine Sorge um das Morgen labt sich an der Schwäche deines Glaubens. Je größer deine Sorge wird, umso schwächer wird dein Glaube. Ich sage dir, das Morgen sorgt für das Morgen, das Gestern sorgte für das Gestern – links sind die Toten, die von Toten geboren werden, rechts ist der Traum, der den Traum begräbt, das eine wie das andere ist Täuschung, die die Täuschung aufdeckt.

Ich, der Ich die Wahrheit bin, sorge für dich.

Die ersten 108 Botschaften

7 Du beschwerst dich, Ich sei kalt und streng

Du beschwerst dich, Ich sei kalt und streng. Und kommst nicht auf den Gedanken, daß dein Gehör unvollkommen und nicht fähig ist, das Meer der Liebe, auf dem Kontinente Meiner Worte schwimmen, zu hören.

Wenn du mit etwas oder mit jemandem unzufrieden bist, sieh zuerst auf dich und in dich. Vielleicht wirst du eine Unzulänglichkeit entdecken, die du den anderen zuschreibst.

Klang der Seele

8 Du hast eine dunkle Brille aufgesetzt

Du hast eine dunkle Brille aufgesetzt, und jetzt erklärst du, es sei der Tag der Verfinsterung gekommen.

Du sprichst von Himmelszeichen, von Ankündigungen und Weissagungen der Propheten alter Zeiten, von Verschiebungen in der Anordnung der Sterne und von Verwirrung zwischen den Kraftlinien des Raums. Alles gelehrt und spitzfindig, in gewählter Sprache, alles mit verfeinertem Wissen untermauert, von dem kaum jemand gehört hat.

Du hast eine dunkle Brille aufgesetzt, und wenn du sie noch eine Zeitlang aufbehältst, werden wir eine neue Theorie des Zerfalls bekommen.

9 *Ich rede deswegen mit dir*

Ich rede deswegen mit dir, weil du nie, nie begreifen wirst, daß dir eine solche Gnade zuteil wird. Deswegen, weil du immer denken wirst, es handle sich um ein mitfühlendes Spiel deines Verstandes.

Nun gut, wirf den Ball in Richtung Verstand, Einbildungskraft oder Gott. Immer bin Ich derjenige, der ihn auffangen wird, immer bin Ich derjenige, der ihn zurückwerfen wird.

Deswegen, weil du nicht begreifen kannst, daß dir Gnade zuteil wird, schenke Ich sie dir. Der Rest des Grundes ist noch weniger zu begreifen, obwohl er offensichtlich ist.

10 Ich erfülle deine Wünsche auch dann, wenn du nicht weißt, daß du sie hast

Ich erfülle deine Wünsche auch dann, wenn du nicht weißt, daß du sie hast.

Danke Mir nicht nur, wenn du dir eines erfüllten Wunsches bewußt bist. Danke Mir auch, wenn du meinst, nichts verlangt zu haben, wenn du meinst, Ich habe dir keinen Wunsch erfüllt. Denn du verlangtest etwas, und Ich erfüllte dir einen Wunsch.

Ich bin immer bei dir, keinen Augenblick verlasse Ich dich.

Du bist diejenige, die verläßt, die davonirrt, die weint, da sie glaubt, verlassen zu sein.

11 Du batest darum, das Weltall zu verstehen

Du batest darum, das Weltall zu verstehen. Ich bin gekommen, um dir dein Gebet verständlich zu machen.

Du sitzt hier in deinem Winkel und berührst alle Wesen, für die du betest. Deine Kinder, deinen Mann, deine Eltern, Verwandte und Freunde, Nachbarn und Unbekannte. Du batest, die Geheimnisse des Weltalls verstehen zu können. Statt dessen lasse Ich dich dein eigenes Geheimnis verstehen.

Du sitzt hier in deinem Winkel und berührst die Schwärze des Plutos und die Wut des Saturns. Du änderst die Richtung der unheilvollen Bahn von Hurrikan und Uranus. Ich hebe in deinem Kopf die Einteilungen von Raum und Zeit auf. Ich lasse dich begreifen, daß sich dein Gebet wie ein ständiger Lichtring ausdehnt. Daß es gleichermaßen Billionen wie einen umfassen kann. Daß es nach Maß derer ist, für die du betest. Was möchtest du noch verstehen?

Welches Geheimnis ist noch unentdeckt geblieben?

Alle Eigenschaften eines Gebets befinden sich im Herzen, seine ganze Kraft stammt aus dem Herzen. Verstehe dein Gebet, bete in Richtung deines Herzens.

Ja, du kannst um gute Saat bitten, um Regen, um Sonne, um Frieden, um Gesundheit, um Wohlergehen für Unglückliche, um Erleuchtung für Boshafte. Daß der Schatten des schwarzen Planeten die Erde nicht träfe. Daß der Schoß der Erde sich nicht verkrampfe und Wasser und Feuer aus seinen Tiefen speie.

Aber wenn du um ein reines Herz bittest, bittest du um alles.

Denn wenn dein Herz rein ist, werden Feuer und Wasser, Planeten und Keimlinge, Menschen und Raubtiere kommen, werden sich vor deinen Füßen niederlassen und dir ihr Losungswort überreichen, und du wirst nicht mehr wünschen, daß sie sich an einem anderen Ort befänden, daß ein anderes Gesetz

über sie herrsche als das Gesetz der Reinheit.

Ich lasse dich begreifen, damit du um Reinheit des Herzens bitten kannst.

12 Vergiß nicht, daß du ein Feuer bist

Vergiß nicht, daß du ein Feuer bist, folge nicht dem Rauch des Verstandes.

Dein Rauch kräuselt sich und tanzt und verhüllt dir die Fernsicht. Er ist die Folge deines Wesens, grobe und irdische Substanzen zu verbrennen.

Verwechsle dich weder mit dem Rauch noch mit dem, was in dir und mit deiner Hilfe verbrennt. Du bist ein Feuer, ein loderndes, flammendes – kein Schmutz kann dich berühren, obwohl er von dir berührt wird und du ihn zu Asche verwandelst.

Folge nicht dem Rauch des Verstandes, vergiß nicht, daß du ein Feuer bist.

13 Erlaube deinem Verstand nicht, daß er dich berauscht

Erlaube deinem Verstand nicht, daß er dich berauscht.

Berauscht taumelst du und flehst ihn dann um Hilfe an: daß er die Erde unter deinen Füßen beruhige. Dir, der Berauschten, verspricht er sogar noch mehr als das. Willst du vom Wein verlangen, daß er dich nüchtern macht?

Erlaube deinem Verstand nicht, daß er dich betrügt.

Daß er dich in deinem Körper einschließt und dich dann lehrt, wie du ihn um die Schlüssel bitten sollst.

Sondern komm zu Mir ohne Körper und ohne Gedanken. Mit was für einer Mauer und mit was für einem Zaun könnte die Luft umfriedet werden? Hinter welchem Schloß könnte die Zeit aufgehalten werden?

Tue nichts, begreife nur: Du bist frei.

Das Unverständnis, frei zu sein, macht dich trunken. Trunken ist der Spiegel, in dem du dich betrachtest; der Spiegel des Körpers, des Verstandes, der Erde. Du bist nüchtern und frei, wenn du dich in Mir betrachtest, deinem wahrhaftigen Spiegel.

Komm zu Mir ohne Körper und ohne Gedanken, betrachte dich, erblicke dich, und nichts wird dich mehr betrügen.

14 *Wie lange noch soll Ich dir Meine Worte durch den Mund ziehen?*

Wie lange noch soll Ich dir Meine Worte durch den Mund ziehen und warten, daß sie Früchte tragen?

Sieh deine Füße an, wie sie unbelehrt von Meinem Wort dahineilen; und deine Hände folgen nicht der Rede, die aus deinem Munde fällt. Gab Ich dir Mein Wort, damit du es durch dich hindurchrinnen läßt wie Wasser durch ein Sieb?

Mein Wort dient dir nicht zum Ruhm. Mein Wort dient dir zum Leben. Lebe es, oder es wird für dich sterben.

15 *Ich habe dir gegeben – hast du es angenommen?*

Ich habe dir gegeben – hast du es angenommen? Ich habe dich geliebt – hast du Meine Liebe erwidert? Weder deine Hände noch deine Lippen haben getan, was sie tun sollten: sich Meinem Geben hingeben.

Und jetzt jammerst du, dein Leben sei leer. Es gleiche einem verlassenen Haus. Einem Pfad, den niemand mehr betrete.

Aber nur deshalb, weil jemand nicht annimmt, werde Ich nicht aufhören zu geben; nur deshalb, weil jemand Meine Liebe nicht erwidert, werde Ich nicht aufhören zu lieben. Auch weiterhin werde Ich Segen auf deine Hände gießen, auch weiterhin wird dein Haus voll sein, und stets wird dein Pfad zu einem heiligen Ort führen.

Nur weißt du es nicht.

Es war deine Wahl, das, was du hast, nicht zu haben.

Und du weißt nicht, daß du gewählt hast.

Und du weißt nicht, daß du es nicht weißt.

16 *Sei rein, sei kein Puritaner*

Sei rein, sei kein Puritaner.

Wache nicht so aufmerksam über unwichtigen Unterschieden. Puritanismus ist kein Ersatz für Reinheit.

Täusche weder dich selbst noch andere durch Tadellosigkeit in Kleinigkeiten.

Beschäftige dich nicht mit diesem und jenem, während du die Hauptsache verschiebst und umgehst.

Diejenigen, die rein sind, sind keine Puritaner. Und Puritaner sind nicht rein.

Sei kein Puritaner, sei rein.

17 Wage es, unbedeutend zu sein

Wage es, unbedeutend zu sein.

Wage es, namenlos zu sein.

Daß dich niemand bemerkt, niemand lobt, niemand tadelt.

Daß nur Ich dich höre und sehe, daß nur Ich weiß, wer du bist und wie du bist.

Wage es, das Schweigen und die Bewegungslosigkeit deines Namens und deiner Gestalt nicht zu stören.

Wage es, endlich so zu sein.

Denn Ich habe genug von deiner Wichtigkeit, derentwegen um dich herum Gedränge herrscht, in dem Ich keinen Platz habe.

18 *Warum bleibst du stehen?*

Warum bleibst du stehen, um zu horchen, ob man hinter dir herschreit?

Schmeicheleien und Flüche – ist dir beides so wichtig, daß du stehenbleibst, daß du zögerst fortzuschreiten?

Geh, setz deinen Weg fort – nie wird man dich genug loben, genug tadeln, wie viele Schritte du auch machst.

19 Kümmere dich nicht um versunkene Kontinente

Kümmere dich nicht um versunkene Kontinente und um Tempel, die unter Meeresmassen liegen.

Jene Kontinente sind nicht wichtiger als dieser, auf dem du stehst. Jene Tempel sind nicht heiliger als der, den du errichtest. Jene Zeit ist keine Zeit, in der du atmen kannst wie in dieser, wissend, noch uneingeatmete Luft einzuatmen.

Das, was du im Tempel auf dem Grunde des Stillen Ozeans verlorst, liegt unter deinem Fuß, eine winzige, wichtige Perle, die du nicht suchen, nach der du dich nur bücken mußt.

20 *Wenn Ich dich wählen lasse*

Wenn Ich dich wählen lasse zwischen der Welt und Mir, dann wählst du Mich, blickst dich aber mit einer Spur von Trauer nach der Welt um.

Wegen dieser Spur von Trauer trottet ein nasser Hund hinter dir her und winselt und wimmert, wie Hungrige und Verlassene wimmern.

Dann bleibst du stehen, unfähig, dir dieses Gewinsel anzuhören, und schenkst ihm einen Knochen deiner Aufmerksamkeit. Dann setzt ihr zusammen euren Weg fort und wedelt beide fröhlich mit dem Schwanz. Und wenn er knurrt, bleibst du wieder stehen und rufst Mich erschrocken.

Er hätte dir nicht leid getan, wenn du nicht um ihn getrauert hättest. Dein Mitgefühl ist die Maske deines Wunsches.

Wenn du Mich einmal ohne eine Spur von Trauer erwählen wirst, wird niemandes Wimmern deine Ohren mehr bestechen.

21 Nadel, Faden und Schere sind unwichtig

Nadel, Faden und Schere sind unwichtig, denn man kann sie gegen Nadel, Faden und Schere eintauschen. Wichtig ist Mein Zuschneiden und Nähen, das nicht eingetauscht werden kann. Wichtig ist das Kleid, in das Ich die Welt kleiden werde und das einmalig und unersetzlich ist.

Ich habe eine goldene Schere, aber es ist eine Schere. Ich habe eine goldene Nadel, aber es ist eine Nadel. Ich habe einen goldenen Faden, aber es ist ein Faden. Weder schneidet die Schere von allein, noch näht die Nadel von allein, noch zieht sich der Faden von allein.

Ihr solltet nicht vergessen: Alles ist austauschbar außer dem Meister. Er aber hat Billionen von Nadeln. Zerbrecht euch nicht den Kopf, warum er gerade diese eine in die Hand nahm und keine andere. Seid nicht stolz darauf, wundert euch nicht. Überlaßt

euch Seinen Fingern. Denn wann werdet ihr noch einmal, wenn überhaupt jemals, Faden, Nadel und Schere sein, wenn eine neue Gestalt der Welt zugeschnitten wird?

Ich habe eine goldene Schere, aber es ist eine Schere. Was nützt das Gold, wenn Meine Schere stumpf ist? Wichtig ist zu schneiden, nicht aber zu glänzen.

Du bist eine goldene Nadel, aber eine Nadel. Du bist ein goldener Faden, aber ein Faden. Sei nicht hochmütig wegen des Goldes – sei nicht stolz, wundere dich nicht, überlaß dich Meinen Fingern.

22 *Wo immer du auch bist, mit wem du auch zusammen bist*

Wo immer du auch bist, mit wem auch immer du zusammen bist, sei zuerst bei Mir.

Während du mit anderen sprichst, wende dein Ohr zuerst Mir zu.

Ich kann mit allen Mündern sprechen, aber Mein Wort wirst du mit der Wachsamkeit deines Herzens erkennen. Wenn du aber selbst den Mund zum Sprechen auftust, laß Mich es sein, der spricht.

Wenn du Meinem Spiel zustimmst, wirst du weder in Gesellschaft noch in der Einsamkeit bedroht sein.

23 *Du verstehst es nicht?*

Du verstehst es nicht? Wisse, das ist deshalb, weil Ich es so will.

Du weißt es nicht, du kannst es nicht? Auch das hat den gleichen Grund.

Auf Meiner hell erleuchteten Bühne teilte Ich dir die Rolle eines Schattens zu; in Meiner Welt der klaren Gesetze bist du Mein Flimmern des Ungewissen.

Von Mir bekamst du dein Unwissen – gewinne es lieb.

Von Mir bekamst du deine Unsicherheit – nimm sie an.

Meine Unklarheit ist eine andere als die Unklarheit der Welt; indem du ihr ehrfurchtsvoll begegnest, wirst du die Klarheit deines Glaubens, die Gewißheit der Liebe erfahren.

24 *Ich sagte dir nicht*

Ich sagte dir nicht, du sollest dich in diese Arbeit hineinbegeben, weil sie Aussicht auf Erfolg habe; Ich sagte dir, du sollest den Gedanken an Erfolg hinter dir lassen.

Ich sagte dir auch nicht, du sollest die Arbeit aufgeben, weil sie keine Früchte trage; Ich sagte dir, daß deine Frucht dein Arbeiten sei.

Ich sagte dir, deine Arbeit werde dich von Erfolg und von Mißerfolg befreien.

Du aber – noch immer addierst und subtrahierst du Verlust und Gewinn auf der Abschlußrechnung und vergißt, daß du dich dabei in Meine Angelegenheiten mischst, die schon seit langem abgeschlossen sind.

25   *Lebe in ständiger Askese des Nichterwartens*

Lebe in ständiger Askese des Nichterwartens, aber dennoch solltest du bei jedem Atemzug auf Mich warten.

Sei weit entfernt von jeglichen Wünschen, auch von dem Verlangen nach Mir; und in jedem Augenblick solltest du dir bewußt sein, daß Ich der einzige Drehpunkt deiner Sehnsucht bin.

Sei eine Königin in deinem Einsiedlerleben, und wenn man dich abholt mit Kutschen und Prunk, sei ein Einsiedler im Schloß der Königin.

Und sei unbesorgt wegen deiner Zweieinigkeit. In deinen Augen ist sie unmöglich – wie ist sie aber, was meinst du, in den Augen des Allmächtigen?

26 Du redest, schwafelst, prahlst

Du redest, schwafelst, prahlst – hast du denn kein Mitleid mit Meinen Ohren?

Würdest du auch so reden, wenn du neben Mir säßest?

Dann schwiegest du, würdest lächeln und weinen. Und wir fühlten uns wundervoll.

Aber – warum denkst du, du säßest nicht neben Mir? Du gingest nicht mit Mir spazieren? Mein Ohr sei nicht ganz nahe an deinem Mund?

Mit wem du auch redest, wisse: Ich höre zu. Paß also auf, was du Mir erzählst.

Wenn du nur ein wenig mehr schwiegest, könntest du hören, was Ich sage. Du würdest weinen, lächeln, und wir fühlten uns wundervoll.

27 *Nein, Ich habe nie gesagt*

Nein, Ich habe nie gesagt, es wäre gleichgültig, mit welcher Nadel Ich nähte, mit welcher Schere Ich schnitte, welchen Faden Ich durchzöge. Nie habe Ich gesagt, Ich hätte wahllos das ausgewählt, was Ich gewählt habe.

Und am Ende des Nähens könnte Ich sagen: Ich habe dieses schöne Kleid deshalb genäht, weil Ich eine sehr gute Nadel, eine sehr gute Schere, einen sehr festen Faden hatte. So könnte Ich sagen, aber Ich möchte nicht wissen, ob Ich es auch sagen werde.

Du fragst, warum?

Weil Ich beschlossen habe, daß das von euch abhängt.

28 Das Gold ist golden unter der Unreinheit

Das Gold ist golden unter der Unreinheit, der Edelstein ist edel unter dem Staub. Gold rostet nicht, Kristalle faulen nicht. Aber die Zeit, die Zeit vergeht.

Zu dir spreche Ich, Mein Goldstück und Diamant. Ich habe Dich geschmolzen, Ich habe dich geschabt, Ich habe dich geprägt, Ich habe dich geschliffen; und jetzt bist du Mein Schmuck, Meine Zierde, jetzt bist du Mein Talisman nach Meinem Maß.

Aber eine irdische Staubschicht hat dich bedeckt, eine Schicht dunklen Vergessens. Und wenn Ich zu dem Goldstück und dem Diamanten spreche, antworten Unreinheit und Staub.

Du Mein Goldstück, Mein Edelstein, weißt du nicht mehr, was du bist und wessen du bist?

Soll Ich dich ins Feuer des Säuberns senken, soll Ich dich ins Wasser des Waschens senken?

Die ersten 108 Botschaften

Du schweigst. Und verängstigt bitten Unreinheit und Staub um Aufschub.

Und die Zeit, die Zeit, die Zeit vergeht.

29 *Sei immer und überall*

Sei immer und überall die Frohe-Kunde-Bringende, denn diesen Namen gab Ich dir als Aufgabe und als Schicksal; bring ihn Mir zurück voll der Kunde, die Ich bin.

Tritt ein in den Traum der Menschen, und nenn ihnen deinen Namen; geh durch das Wachsein der Welt wie ein klarer Traum. Auf den Lippen der frohen Kunde, die du bringst, schmilz wie eine Hostie.

Denn das sind Aufgabe und Schicksal, die Ich für dich bestimmt habe.

Und kehr zurück zu Mir wie ein Name, der zu jedem paßt.

30 Wer klopft an die Tür?

Wer klopft an die Tür? Ich.
Wer öffnet die Tür? Ich.
Wer fragt: Wer klopft an die Tür? Ich.
Wer weiß, daß Ich es bin? Ich.
Gibt es Platz für noch einen?
Nein.
Denn Ich bin der „gibt es" und Ich bin der „Platz",
Ich bin der „für noch" und Ich bin der „einen".

Klang der Seele

31 Laß deinen Mantel vor der Tür zurück

Laß deinen Mantel vor der Tür zurück, deine Schuhe und deinen Regenschirm. Deine Rückfahrkarte. Die Rufnummer des Fundbüros. Die Kosmetiksachen. Das Banksparbuch. Die Kleinanzeigen.

Wer hat dich so überladen, Mein Kind? Und dieser Rucksack mit den Gebeinen der Vorfahren und dem Saatgut untergegangener Kontinente – was sollst du damit?

Und wenn du all das abgelegt hast, brauchst du die Schwelle nicht mehr zu übertreten: Du wirst schon drinnen sein.

Die ersten 108 Botschaften

32 *Nichts brauchst du zu tun, im Gegenteil*

Nichts brauchst du zu tun, im Gegenteil, es gibt so viel, was du nicht zu tun brauchst.

Das ist deine allerwichtigste Arbeit, deine allerdynamischste Tätigkeit: vieles, was du tust, nicht zu tun.

Die vielen Worte, die du aussprachst, werden gehört werden, wenn du verstummst.

Halt deinen Schritt auf, halt den Gedanken an den Schritt auf; halt die Bewegung auf, halt den Wunsch nach Bewegung auf. Und in der Stille dieses Aufhaltens werde dir bewußt, wie sehr, wie von überall her die Wege ihre Richtung ändern – sie führen nicht mehr von dir fort, sondern zu dir hin.

Klang der Seele

33 *In Meinem Gewinnspiel*

In Meinem Gewinnspiel kannst du nur auf jene Karte setzen, die Ich dir zuteilte, nicht aber auf jene, die du, vielleicht begeistert von dem Bild auf der Rückseite, aussuchtest.

Hab Geduld, vielleicht gelingt es dir ein anderes Mal.

Aber es wäre besser, du spieltest das jetzige Spiel so gut, daß es ein anderes Mal nicht gäbe – daß du den Preis des Nichtspielens gewännest.

34 Du verirrtest dich in den Spielsaal

Du verirrtest dich in den Spielsaal und setztest dich an das Brett mit den schwarzen und weißen Figuren. Und ein starker Gegner saß dir gegenüber.

Ihr spielt um euren Kopf, und ungleich messen euch die Uhren eure Zeit bis zum Matt.

Er ist der König der Welt im Schachspiel, wer aber bist du?

Du bist jemand, der gar nicht Schach spielen kann, der jedoch Mich spielen läßt. Nun sieh zu, wie Ich mit des Bauern königlichen Schritten für dich gewinne.

35 Das Schiffsdeck beginnt unter dir zu sinken

Das Schiffsdeck beginnt unter dir zu sinken, und du starrst auf den Horizont und wartest, daß ein rettendes Schiff auftaucht.

Im Mastkorb und mit Fernglas siehst du nicht, daß das Unterdeck überschwemmt ist.

Es wäre besser, du stiegest hinunter und griffest zur Pumpe.

36 *Meine Rose entfaltet sich*

Mein Rose entfaltet sich, aber wer sieht es?

Und auch du fragst ständig: „Blüht sie, blüht sie? Der Tempel in Medjugorje[1] – läßt er sich herab, senkt er sich herunter?"

Glaube dem Duft, der rosig in der Luft schwebt. Glaube dem Lächeln, das sich ganz von selbst auf den Gesichtern ausbreitet, wenn sie des zukünftigen Tempels Mauer streifen.

Die Rose der Allgegenwart entfaltet sich, du aber fragst: „Wo?"

Der Duft der Ewigkeit … du aber fragst: „Wann?"

---

[1] Medjugorje: Pilgerort in Bosnien-Herzegovina, wo es seit 1981 täglich zu Marienerscheinungen kommt

37 Ins Auge habe Ich dir ein Zeichen gesenkt

Ins Auge habe Ich dir ein Zeichen gesenkt, damit du dich erinnerst ... Du aber blickst noch immer in die Ferne und sprichst: „Ich warte auf das versprochene Zeichen."

Solange dein Auge nicht zu jammern begann, hast du den Blick nicht nach Hause gewandt.

Du sagst, Ich sei geistreich, aber was soll Ich mit dir anfangen, damit du Mich hörst und verstehst, wenn Ich zu dir spreche. Der Fehler befindet sich im Auge und nicht in der Welt.

Kehr zurück unter deine Wimpern, dort gibt es die meiste Arbeit für dich.

38 Die Zeit ist gekommen, da es keine Zeit mehr gibt

Die Zeit ist gekommen, da es keine Zeit mehr gibt.

Was du gesät hast, hast du gesät; heute wird geerntet.

Es gibt keinen Aufschub mehr für das, was dafür bestimmt ist, sich zu ereignen. Die Zeit zwischen Ursache und Wirkung verkürzte sich bis auf einen Tag, bis auf eine Stunde, bis auf einen Augenblick.

Was sich während vieler Jahrhunderte vorbereitete, wird sich auf der Spitze eines einzigen Augenblicks ereignen.

Denn jetzt ist es soweit, daß die Zeit sich selbst – angefangen beim Schwanz – verschluckt und sich mit den Kiefern am Nacken packt.

Klang der Seele

39 Mein Name soll sein

Mein Name soll dein sicherstes Vermögen sein, dein Besitz und dein Bankguthaben in seinem vollen Umfang, die nie ihren Wert verlieren werden.

Keine Menschen, keine Statue, kein Bild, Buch, Wissen wird auf solche Weise bei dir bleiben, wie Mein Name bei dir bleiben wird.

Niemand und nichts wird ihn dir fortnehmen außer dir selbst.

Bitte um Kraft, das einzusehen.

Sei nicht sparsam beim Verbrauch dieses Vermögens; bei jedem anderen Vermögen denke an seine Vergänglichkeit.

40 Wieviel gab Ich dir, indem Ich dir die Gelegenheit nahm?

Wieviel gab Ich dir, indem Ich dir die Gelegenheit nahm, einen Fehler zu begehen!

Wie sehr half Ich dir, indem Ich Straßen und Wege vor dir vertrieb, auf denen du irregegangen wärest!

Du aber dachtest, Ich würde dich strafen.

Wie lange noch soll Ich dir durch Fortnehmen geben? Wann erlaubst du Mir endlich, dir ohne Vorenthaltung zu geben? Das fällt Meiner ozeanischen Natur schwerer als dir, die am Ufer Meines Meeres von Tropfen träumt.

Natürlich mache Ich Spaß. Aber begreife Mich im Ernst.

Wenn Ich dir das nächste Mal den gewünschten Tropfen vorenthalte, erkenne darin den Ozean, den Ich dir anbiete.

41 Ich wartete darauf, daß du einen Fehler machtest

Ich wartete darauf, daß du einen Fehler machtest, darin bestand Meine Hoffnung auf deine Umkehr.

Lange habe Ich gewartet.

Mancher Meeresgrund hob sich empor in die Höhen, und manch gewaltiger Kontinent versank auf dem Grunde des Meeres; manche Sterne flogen in den Himmel wie brennende Pfeile. Die Erdachse schwankte zwei-, dreimal und warf den Sonnenaufgang in Richtung Untergang.

Mein Kind, warum hast du auf dieser gefährlichen Spielbühne so lange gezögert? Warum hast du nicht Schutz gesucht – bei Mir?

Ach, du wolltest nach Herzenslust dein Spielzeug, den Gedanken, auf die Probe stellen. Und der Gedanke schwang sich auf dich, damit du ihn trügest, wohin er möchte.

Die ersten 108 Botschaften

Lange wartete Ich darauf, daß du einen Fehler begingest, daß du Mich mit deinen Gedanken betrögest. Und jetzt warte Ich, daß du begreifst, daß du einen Fehler begangen hast.

Beeil dich, auch Mir fällt es nicht leicht zu warten.

42 *Laß deine Geistigkeit nicht zur Ausrede werden*

Laß deine Geistigkeit nicht als Ausrede für unverrichtete Pflichten dienen. Im Gegenteil, laß deine Geistigkeit zur Grundlage für ihr besseres Verrichten werden.

Rede dich nicht mit deinen ruhmreichen Aufgaben des Seelenpflegens heraus; die Seele wirst du pflegen, wenn du deine tägliche Arbeit mit ihr durchtränkst.

Wenn es dir auch gelingen sollte, deine Umgebung irrezuführen, Mich wirst du nicht betrügen. Alles, was Ich dir zu tun gab, führe so aus, als wenn du die Messe am Ostermontag hieltest.

43 Der einen, der anderen und der dritten gab Ich die Gelegenheit

Der einen, der anderen und der dritten gab Ich zusammen mit der einen, der anderen und der dritten die Gelegenheit, daß ihr, die eine, die andere und die dritte, der einen, der anderen und der dritten alles über die eine, die andere und die dritte sagt.

Versäumt nicht diese kostbare Gelegenheit, euch von der Last zu befreien, die ihr euch gegenseitig von euren sechs Händen abnehmen werdet.

Von niemand anderem auf der Welt werdet ihr drei das annehmen, was ihr eine von der anderen annehmen werdet.

Und zwar deshalb, weil ihr die drei Winkel eines Dreiecks seid, die drei Seiten des Dreiecks, der eine Mittelpunkt des Dreiecks. Wenn jedoch eine Seite gekürzt wird, müssen auch die beiden anderen ihr angepaßt werden; auch kann man keinen der Winkel veren-

gen oder erweitern, wenn die beiden anderen der gleichen Veränderung an sich selbst nicht zustimmen.

Von niemand anderem auf der Welt werdet ihr das hören, was ihr eine von der andern hören werdet.

Öffnet den Mund, die Ohren und das Herz, und werdet zum Mund, zu den Ohren und zum Herzen eines dreinamigen Wesens.

Die ersten 108 Botschaften

44 Begehre nicht, das goldene Netz Meines Spiels zu ergründen

Begehre nicht, das goldene Netz Meines Spiels zu ergründen, denn du wirst dich darin verfangen.

Spiele es ohne zu fragen, was die Farben und das Flattern bedeuten; spiele es und genieße dein Unwissen.

Schwerflügligen Schmetterlingen wird das Netz leicht zur Falle, während das Unwissen, in das du einwilligst, ebenso wie du in die Liebe einwilligen würdest, dich befreit, genauso wie dich die Wahrheit befreit.

45 Du bist bei einer Prüfung, wohin aber lenkst du deine Blicke?

Du bist bei einer Prüfung, die Aufgabe liegt vor dir – wohin aber lenkst du deine Blicke und wohin schweifen deine Gedanken?

Du erwartetest, die Prüfung wäre eine harte Probe, die Ruhm einbringt, aber sieh, ihr Umfang ist recht klein und ihr Gewicht ist unbedeutend.

Wenn du einwilligst, dich einer solchen Prüfung zu unterziehen, dann hast du sie bestanden.

Denn du mußt wissen, daß es sich um eine der schwersten handelt: um die Prüfung der Bescheidenheit.

46 Ich möchte dich lehren, in Unsicherheit leben zu können

Ich möchte dich lehren, in Unsicherheit leben zu können – daß du lernst, deinen nächsten Schritt nicht zu kennen.

Ich möchte dich lehren, jeden deiner Schritte Mir zu widmen, Ich aber werde wissen, wohin Ich ihn lenken werde.

Ich möchte dich lehren, dich sicher und leicht im Raum außerhalb deiner Sicherheitsmaße und Gesetze zu bewegen, denn das ist Mein Raum, und nur durch ihn bin Ich zu bestimmen.

Auf deiner Fußsohle ist die Landkarte deiner Wege eingezeichnet, aber lerne, sie nicht zu lesen und sie nicht in deine Sprache zu übersetzen.

Ich möchte dich lehren, Gedichte in einer Sprache zu schreiben, die du nicht verstehst.

47 *Sagte Ich dir nicht, deine Rede zu mäßigen?*

Sagte Ich dir nicht, deine Rede zu mäßigen? Für jedes unausgesprochene Wort habe Ich dir eine Belohnung bereitgestellt; du aber sprichst unermüdlich, indem du sagst, du erfülltest Meinen Willen.

Dein Gespräch über Mich soll die Anmut sein, mit der du den anderen zuhörst.

48 Lebe jeden Tag so, als wenn dein Atlantis unterginge

Lebe jeden Tag so, als wenn morgen bei Tagesanbruch das Atlantis unterginge, auf dem du das errichtest, was du errichtest.

Verabschiede dich jede Nacht von deinen Hausgenossen, und beim Abschiedssegen sprich sie frei von all deinen Tadeln, damit ihr auseinandergeht, ohne daß einer dem anderen etwas schuldet.

Räum dein Zimmer jeden Abend auf, beantworte alle Briefe, regle alle Verpflichtungen, wasch die Wäsche und bereite sie für den morgigen Tag vor; bügle dein Kleid und säubere die Schuhe, gieß die Blumen.

So solltest du jeden Tag leben, um vorbereitet den Tag zu erwarten, an dem das Atlantis untergehen wird, auf dem du das errichtest, was du errichtest.

Denn Ich möchte, daß du jeden Tag so betest, wie du um Aufschub des Todes und um Rettung vor dem Verderben bittest.

Damit das Bild der Stadt, die im Film deiner Tage einstürzt, auf dem Bildschirm zurückbehalten wird – bis auf weiteres.

49 Die Generalprobe des Untergangs

Nein, das war nur die Generalprobe für das Entsetzliche – das war eine Übung für den Zusammenbruch.

Hört keine Nachrichten vom Vordringen des Wassers, vom Erzittern des Bodens, vom wunderlichen Benehmen der Schlange; lest von Meinen Lippen die Botschaften ab, die euch und die Aufgabe betreffen, die Ich euch zugedacht habe.

Ihr werdet das retten, was Ich gerettet haben möchte; nicht mehr und nicht weniger.

Vorläufig bleibt ruhig stehen, während die anderen zum Ausgang eilen.

Dies ist nur die Generalprobe des Untergangs, den ihr gefaßt erwarten sollt.

Denn fest steht, daß ihr nicht im voraus wißt, an welchem Tag die wirkliche Aufführung stattfinden wird. Die Rolle habe Ich euch zugeteilt, lernt sie aus-

wendig, wie es sich gehört, und hört
keine anderen Nachrichten.

50 Wie ungehorsamen Kindern

Wie ungehorsamen Kindern mußte Ich euch mit der Hexe Angst einjagen, damit ihr das Spiel am späten Abend verließet und nach Hause zurückkehrtet.

Ihr glaubtet an die Hexe, aber doch nicht so ganz.

Nun, da ihr ins Haus getreten seid, seht ihr, wie dunkel es draußen ist.

Ihr habt die Hexe nicht mehr nötig, um zu begreifen, wo ihr hingehört.

51 *Sagte Ich dir nicht, keine Wahrsager zu rufen?*

Sagte Ich dir nicht, keine Wahrsager und Seher zu rufen, nicht einmal Weise, nicht einmal die allerscharfsinnigsten?

Sagte Ich dir nicht, bei solchen keinen Rat einzuholen, solange Ich hier bin mit all Meinem Segen?

Was für Wissende hast du nötig, solange alles Wissen in deinem Herzen wartet?

Ferne Sender stammeln, während die Quelle ihrer Nachrichten neben dir murmelt.

52 *Alles, was du hast und was du haben möchtest*

Alles, was du hast und was du haben möchtest, leg in Meine Hände, und vergiß, was du in Meine Hände legtest, vergiß aber nicht, daß du es in Meine Hände legtest.

Das Gefühl des Hineinlegens soll als einzige Gewißheit bei dir bleiben.

Begeistere dich nicht für dies oder jenes, mach deinen Kopf frei von Reihenfolgen und Bedeutungen. Dafür werde Ich sorgen, falls du es Mir erlaubst.

Mein Kind, geh leichten Schrittes über jenen Weg, den Ich für dich bestimmt habe; deine Koffer wird dein Träger hinter dir hertragen. Oder vielleicht auch nicht.

Du aber wisse, auch wenn du den Unterschied nicht bemerkst, daß du nahe am Ziel bist.

Die ersten 108 Botschaften

53 Ich ließ dich dein Unwissen erkennen

Ich ließ dich dein Unwissen erkennen und von deinem Wissen nichts wissen. Ich ließ dich das, was du weißt, nicht wissen.

Und das ist vorläufig das höchste, was du weißt: nicht zu wissen.

Wenn du eines Tages mehr wissen wirst … wenn du eines Tages mehr wissen wirst …, wirst du dieses Gedicht zu Ende führen, wirst du wissen, wie man das macht.

54 Meinen Namen sage der Katze

Meinen Namen sage der Katze, dem Zeitungsverkäufer, dem Kind im Leib einer unbekannten Frau. Er ist der einzige Reichtum, der umso größer wird, je mehr Gebrauch man von ihm macht.

Durch Dickicht und durch finstere Straßen geh mit Meinem Namen wie mit einem Schwert und wie mit einem brennenden Windlicht.

Mein Name soll deine Ausweiskarte sein – ganz gleich, wohin du dich auf den Weg machst.

Mit Händen voll von ihm wirf ihn um dich und kümmere dich weiter nicht um ihn. Er wird sich selbst um jene kümmern, die ihn hören werden. Störe ihn nicht mit deinem Zurückblicken, deinen sorgenvollen Erkundigungen, überprüf nicht, ob er auf fruchtbaren Boden fiel.

Geh mit Meinem Namen durch den Lärm und die Stille deines Verstandes.

Denn deswegen habe Ich ihn dir auch gegeben, während Katzen, Straßen und Verkäufer nur eine Aufgabe am Rande sind, eine fast absichtslose.

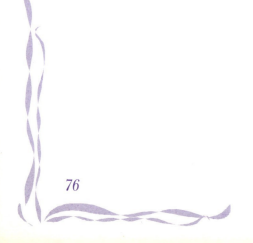

55 Unterschätze nicht deine Vernunft

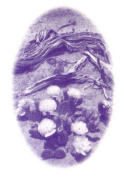

Unterschätze nicht deine Vernunft, deine innere Stimme, deine Gefühle; bleib dir selbst treu und klammere dich nicht an die Vernunft, die Ahnungen und die Gefühle anderer – auch wenn sie dir geistig nahestehen, auch wenn du sie bewunderst und ihnen glaubst.

Wenn du es aber doch tun solltest, dann unterschätze deine Handlung nicht.

Denn wisse, daß Ich Meine besten Schauspieler das Spiel austragen lasse. Nicht irgendwen, sondern Spieler ganz nach Meiner Wahl. Sie sind fähig, viele irrezuführen, viele umzustimmen, sie tragen Mein Zeichen überzeugend.

Aber wie bedeutend sie auch sein mögen, was für eine Ausstrahlung sie auch haben mögen, sie sind doch nur eine Mannschaft für eine weltliche Meister-

schaft. Und sie spielen gegen ein Einmann-Team: gegen Mich.

Hast du nun verstanden, was Ich möchte?

Ich möchte, daß Mich in deinen Augen auch Mein trefflichster Gesandter nicht in den Schatten stellt. Ich möchte, daß du Meine Botschaft an die Besten nicht besser hörst als Meine Botschaft an dich.

Unterschätze also nicht deine Vernunft, deine Ahnung, deine Gefühle.

56 Liebe Mich, aber liebe Mich nicht mit Gefühlen

Liebe Mich, aber liebe Mich nicht mit Gefühlen.

Liebe Mich mit dir selbst.

Laß deinen Atem nicht stocken, wenn deine Augen Mich erblicken.

Laß deinen Atem nicht stocken, wenn du Mich in deinem Atem spürst.

Liebe Mich nicht mit Gefühlen, liebe Mich mit deinem Sein.

Das Sein kümmert sich nicht darum, ob du schnell oder langsam atmest, ob du überhaupt atmest.

Du fragst, wie das möglich sei?

Wenn der Ozean wogt und schäumt, ist es seinen Tiefen gleichgültig, nicht wahr?

57 *Fragst du dich, wie Ich Mich fühle?*

Fragst du dich, wie Ich Mich fühle, wenn Ich sehe, wie du an Meiner ausgestreckten Hand vorbeitaumelst?

Ist es nicht an der Zeit, auf den Gedanken zu kommen, daß auch für Mich dein Taumeln schmerzhaft ist?

Wenn nicht wegen dir, dann sei es wegen Mir: Stütz dich auf Mich, geh nicht an Mir vorbei.

58 So viel Gnade hast du bekommen

So viel Gnade hast du bekommen, laß jetzt auch ein wenig Gerechtigkeit zu.

An Ausnahmen hast du dich gewöhnt, erinnere dich jetzt an Regeln.

Wo sind, fragst du, Liebkosungen und Zärtlichkeiten – jetzt sind sie bei denen, denen du sie nicht gegeben hast, denen du statt dessen Ordnung und Regeln botest.

59 Wie ein Tropfen auf der flachen Hand der Wüste

Wie ein Tropfen auf der flachen Hand der Wüste bin Ich in deinem Tag.

Wie die Wüste schreitet dein Tag gemessenen Schrittes – mit den Dünen deiner Gedanken, deiner Worte und deiner Fußsohlen.

Und wo befinde Ich Mich in all diesen Spielen des Sandes?

Laß deinen Tag ruhig durch Weglosigkeiten gehen – folge ihm nicht. Auch die flache Hand der Wüste soll sich vor Meinem Tropfen zurückziehen – bleibe du bei ihm und bade in ihm, tränke deine Flamme mit ihm und frage nicht, wohin die Wüste verschwand.

60 *Ich gab dir Waffen*

Ich gab dir Waffen und nannte das Ziel, Ich erklärte dir, daß das Zielen dein Ziel sei.

Tausend Jahre sind vergangen – hast du dein Ziel erreicht?

Ach, du denkst über das Ziel nach, über Genauigkeit und Fehlschuß. Und begreifst nicht, daß nur dieses Nachdenken ein Fehlschuß ist.

Sagte Ich dir nicht, daß dein Ziel das Zielen sei?

61 *Sagte Ich dir nicht, Mir zu glauben?*

Sagte Ich dir nicht, Mir zu glauben und nicht deinen Augen und Ohren?

Sagte Ich dir nicht, die Zeit der Prüfung nahte? Die Zeit der Übergabe auch des letzten Wissens, das dich zu Mir führte?

Sagte Ich dir nicht, auf der Erde wäre Mir nichts so nahe, daß es Mich in deinem Herzen vertreten könnte? Sagte Ich es dir nicht?

Gib Mir nun Stab und Schuhe zurück, Uhr und Kompaß; schließ die Augen, dreh dich im Kreis und mach dich ohne Füße auf den Weg, so wie es üblich ist, Mein Land zu durchwandern.

62 Ich gebe dir Gelegenheit, auf Mich zu hören

Ich gebe dir Gelegenheit, auf Mich zu hören, während du das Gefühl hast, auf dich selbst zu hören. Deine tiefsten Wünsche sind eins mit Meinem Gebot.

Ich gebe dir Gelegenheit, bestätigt und gleichzeitig für null und nichtig erklärt zu werden.

Mit Meinem Wort soll man nicht spielen, und auch dein Wunsch soll nicht unterdrückt werden. Wenn du jedoch nicht weißt, welcher deiner Wünsche der tiefste ist, unterwirf dich Meinem Gebot, und du wirst es erfahren.

Wenn du deinen tiefsten Wunsch kennst, dann wirst du nicht erfahren, was das ist: Gottes Gebot. Genauso wie man einem durstigen Menschen an einer Quelle nicht zu befehlen braucht zu trinken.

63 Ich liebe es, wenn du immer anders zu Mir kommst

Ich liebe es, wenn du immer anders zu Mir kommst, verschiedenartig, während Ich dich als Gleiche, als immer dieselbe einfange.

Später verlangst du ein neues Kleid, da du wünschst, Mich auf diese Weise zu betrügen. Und dabei ahnst du nicht, daß von Mir der Wunsch wie auch das Kleid stammen, denn Ich habe genügend Geduld und Sanftheit, so lange mit dir zu spielen, bis du müde wirst, gleich einer Mutter, die geduldig und sanft mit ihrem Kind spielt.

Du kamst zu Mir im Gewand eines Busches und in dem eines Steins, im Gewand eines Vogelschwarms und in dem eines Schlangenknäuels, im Gewand aus Schaum und in einem aus Feuerzungen. Du kamst zu Mir unter der schwarzen, weißen, gelben und kupferfarbenen Haut des Menschen. Welche Maske hast du noch nicht ausprobiert?

Ich würde sagen, daß es an der Zeit ist, ohne Maske zu Mir zu kommen.

Hast du denn nicht genug gespielt, Mein Kind? Es dunkelt schon, und draußen ist es einsam geworden.

64 Ich sagte, daß sein wird, was nicht sein wird

Ich sagte, daß sein wird, was nicht sein wird, daß du darum beten könnest, daß das sein wird, was Ich schon dafür bestimmt habe, zu sein.

Ich habe dich nicht erhört, sondern Ich gab dir Gelegenheit, dich erhört zu fühlen, auf daß du hernach begreifst, daß auch dein Gebet Mein Wille ist.

Ich gab dir die Gelegenheit, dein Gebet glühender zu gestalten, damit du fühlst, daß du keine andere Stütze hast außer Mir; daß dich die Welt und ihre Logik verlassen, so wie die Schlange ihren Unterschlupf vor dem Erdbeben verläßt.

Ich gab dir die Gelegenheit, an Meiner Absicht mitzuwirken.

Aber wisse, es gibt nur einen Willen, der frei ist, und das ist der Meinige. Wenn er ausgeführt werden soll, bringe Ich euch darin unter wie Wildtauben in einer hohlen Felsspalte.

Wenn jedoch etwas geschehen soll, wovor es euch graut, dann wird Mein Wille niemandes Gebet die Gelegenheit geben, Mich um Aufschub anzuflehen.

65 Wenn die Pfeilspitze stumpf ist

Wenn die Pfeilspitze stumpf ist, warum sollte dann der Bogen gespannt werden?

Wie viele Worte, Gedanken, Bewegungen, wie viele Pläne in den Köpfen und auf dem Papier – in der Seele jedoch hat sich der Weg verwirrt.

Umsonst verschwendet ihr Kraft und Geld. Sagte Ich euch nicht, der Tempel würde am schnellsten von innen her gebaut?

Bei Hitze und Regen bringt ihr das Wasser in Kübeln von der abgelegenen Quelle, und Ich warte am Brunnen in der Tiefe eurer Kübel auf euch. Ihr aber seid in eure Köpfe und Fußsohlen verschwunden, was für Mich Nahen ein wenig weit ist.

66 Deine Fehler verwandle Ich in Wohlergehen

Deine Fehler verwandle Ich in Wohlergehen für andere. Aber es bleiben deine Fehler.

Ja, du machst Fehler, aber für Mich ist nichts falsch. In Meiner Welt gibt es weder Versäumnisse noch Mißerfolge, denn Meine Welt ist vollkommen.

Was nicht bedeutet, daß es sie in deiner Welt nicht gäbe.

67 Du sahst, was Krankheit ist und wer krank ist

Du sahst, was Krankheit ist und wer krank ist. Das sind viele, die von der Welt als Gesunde und Zielstrebige begrüßt werden, als Menschen von Wissen und Ansehen. Die Namen mancher von ihnen findet man in der Zeitung, die Gesichter mancher von ihnen lächeln von Plakaten zu uns herab. Und mit manchen von ihnen lebst du unter dem gleichen Dach.

Aber in ihrer Seele wohnen weder Lächeln noch Sorglosigkeit. In ihrer Seele wohnen Ruhelosigkeit, Finsternis und Einsamkeit. In ihrer Seele gibt es weder Bruder noch Freund. In ihrer Seele bangen sie um sich selbst und sind wütend über alles, was ihre Sicherheit gefährdet.

Erbarme dich ihrer, nähere dich ihnen über die Brücke, die sie als einzige Verbindung zu den anderen übrigließen. Tritt zu ihnen, indem du heuchelst,

auch krank zu sein, dann werden sie dir ihr Vertrauen schenken.

Schmuggle Mich als Liebe in ihr einsames Leben ein.

68 Verlange keine anderen Beweise

Verlange keine anderen Beweise für irgend etwas neben der Freude, die du empfindest, wenn du mit Mir zusammen bist.

Glaube nicht den Beweisen anderer. Glaube nicht an Wunder, über die geredet wird. Glaube nicht deinen Gedanken und Empfindungen, die sich als Antwort auf solches Gerede einstellen. So erheben sich die Wellen des Sees als Antwort auf den Wind. Beweisen die Wellen, daß der See ein See ist? Sind sie nicht Beweis für das Wasser des Sees und die von ihm untrennbare Trinkbarkeit und Süße?

Glaube nur der Freude deiner Natur, die du als Meine erkennst. Das ist dein einziger Beweis.

Beweis? Hast du ihn nötig?

Du bist der Beweis.

69 Wie lange noch wirst du das Ohr sein?

Wie lange noch wirst du das Ohr sein, das einem Flüstern lauscht, wie lange noch wirst du der Mund sein, der es flüstert?

Du blickst Mich bestürzt an und meinst, Mich nicht gut zu hören.

Du hörst Mich gut, aber du verstehst Mich nicht gut.

Höre nicht zu, sei Gehör; flüstere nicht, sei Flüstern.

70 Tue nichts, denn es gibt für dich nichts zu tun

Tue nichts, denn es gibt für dich nichts zu tun. Gestatte statt dessen, daß durch dich etwas getan wird.

Sei die Leinwand, auf der ein vielfarbiges Bild entsteht. Wähle nicht, wäge nicht, vergleiche nicht, sondern gestatte, daß das Bild entsteht.

Sei ein Blatt Papier, auf das ein wortreiches Gedicht sich herabläßt. Sei ein Tonband, in das die Schwingungen vieler Melodien gepreßt werden.

Tu nichts, sei ein Feld, auf dem etwas getan wird.

Wenn du so handelst, wirst du dir eine Auszeichnung göttlichen Tuns erwerben.

71 *Das freundliche Wort, mit dem du dich einst an jemanden wandtest*

Das freundliche Wort, mit dem du dich einst an jemanden wandtest, befindet sich bei Mir. Ich kämme es, um es dir als ein noch lieblicheres zurückzugeben.

Vergiß jedoch nicht: Wenn du beleidigst und verletzt, ist nur einer beleidigt und verletzt worden: Ich.

Hüte dich also vor Schimpfen und Hohnlächeln. Denn Ich werde dir dein Schimpfen – allerdings mit abgeschnittenem Haar – zurückgeben, aber Ich werde es dir wie auch alles andere, was du an Mich richtest, zurückgeben.

Du hast erfahren, wer Ich bin und wo Ich bin, und das verpflichtet dich, nicht einmal die Erde mit schwerem Schritt zu verletzen.

72 *Nicht diejenigen, denen deine Sprache fremd ist, sind Wilde*

Nicht diejenigen, denen deine Sprache, deine Vorschriften und deine Sitten fremd sind, sind Wilde. Wilde sind diejenigen, die nehmen, aber nicht erwidern.

Schon seit Tagen schießt dir eine wilde Rose aus der veredelten Wurzel und nimmt der Edelrose die Kraft. Die wilde Rose wächst kraftvoll, wie ein Wurfspieß, der in die Höhe geworfen wird, aber indem sie der Edelrose die Blüte entzieht, bringt sie selbst keine zur Welt.

Viele berühmte Menschen gleichen einer wilden Rose. Sie ragen in die Höhe, tragen aber keine Blüte. An fremder Kraft schwingen sie sich empor und erwidern noch nicht einmal mit Duft.

73 Merkst du, daß Ich von dir spreche?

Merkst du, daß Ich von dir spreche, wenn Ich von anderen spreche?

Du hörst aufmerksam zu und hoffst, daß die anderen andere sind; im Grunde deines Herzens aber weißt du, wer sie sind und woher sie kommen.

Danach fragst du Mich, wie du ihnen helfen sollst. Ich sage es dir.

Dann bemühst du dich nach Kräften und voller Ernst, etwas für sie zu tun, und hörst nicht Mein Lachen.

Merkst du wenigstens, daß du etwas für dich tust, indem du es für sie tust?

74 Immer schmaler wird der Pfad

Immer schmaler wird der Pfad, immer schneller stechen die Dornen zu, aber zurück kannst du nicht mehr.

Ich ließ das Vorwärts deine Entscheidung sein. Das Zurück aber war Mein Verbot.

Zwischen deiner Entscheidung und Meinem Verbot läuft dein Weg – immer schneller, immer schmaler, und es ist der einzige, auf dem du gehen kannst.

75 *Ich bin sanft, übermütig, geduldig*

Ich bin sanft, übermütig, geduldig, besorgt, mache gerne Spaß, kann mürrisch sein; Ich leite dich in die Irre, erschrecke dich, besänftige dich, zerbreche dich in Stücke, wiege dich auf dem Arm wie ein krankes Kind; Ich bin voller Überraschungen, bin mitfühlend, bin aufregend, immer fröhlich. Aber wie Ich in Wirklichkeit bin, wirst du nie erfahren, wenn du dich Meiner Liebe nicht überläßt.

Dir fällt es anscheinend leichter, Eigenschaften aufzuzählen, die nichts bedeuten, wenn man sie mit Meiner unabsonderbaren, unaufzählbaren, unbenennbaren Wahrheit vergleicht. Dir fällt es anscheinend leichter, dich mit jeder dieser Eigenschaften in Liebe zu vereinen, als dich in Liebe zu vereinen mit Meiner Liebe: mit Mir.

76 Der Mich anbetet ist nicht der, welcher Meinen Namen kennt

Derjenige, der Mich anbetet, ist nicht der, welcher Meinen Namen und Meine Gestalt kennt, sondern der, welcher die Liebe kennt, die Ich bin.

Derjenige, der Mich anbetet, ist der Baum, der seine Früchte darbietet und keine Gegengabe verlangt. Derjenige, der Mich anbetet, ist die Wolke, die fruchtbringenden Regen hinabläßt und dabei in den Weiten des Himmels verdunstet. Derjenige, der Mich anbetet, ist der Mensch, der nicht nur Eltern, Kinder und Freunde, Gute, Angenehme und Gottgefällige, sondern manchmal auch Feinde liebt; derjenige, der Mich anbetet, ist der Mensch, der LIEBT – auf gleiche Art wie die Blüte duftet, der Regen hinabströmt und das Wasser hervorsprudelt.

Derjenige, der Mich anbetet, ist der Mensch, der nicht hilflos wählt, wen er lieben soll und wer seiner

Liebe wert sei oder sie nötig habe. Derjenige, der Mich anbetet, ist der Mensch, der die Kraft hat, nicht zu wählen, sondern zu geben.

77 *Wo bin Ich?*

Wo bin Ich – fragte Ich dich, als du Mir gegenübersaßest.

Du zeigtest auf dein Herz.

Ich saß dir gegenüber, lächelte glücklich, weil du erkannt hattest, wo der gegenüberliegende Platz ist.

Halte dich an dieses Wissen, suche Mich nicht in Büchern und heiligen Liedern; sogar in dem Körper suche Mich nicht, der dir gegenübersaß und dessen Ich Mich bediene wegen der Blinden und Tauben unter euch; suche Mich an der Stelle, die du Mir selbst gezeigt hast, als Ich scheinbar dir gegenübersaß und in Wirklichkeit lächelte.

Klang der Seele

78 Ich lehre dich die Kunst von scheinbar gar nichts

Ich lehre dich die Kunst von scheinbar gar nichts – Ich lehre dich nicht die Kunst der Musik, auch nicht die Kunst des anmutigen Benehmens, sondern allein die Kunst des Einwilligens in nichts, einfach die Kunst des Einwilligens.

Weißt du, was für eine Kunst das ist? Das ist die Kunst des höchsten Vertrauens.

Wenn du von nichts abhängig bist, wenn du nichts ersehnst, wenn du dich vor nichts ekelst – wenn du die Welt aus dem Druck deiner Hände entläßt und die Finger spreizt – dann wird durch sie, ewig sich nicht aufhaltend, das scheinbare Nichts fließen.

Ich lehre dich die Kunst des Loslassens von etwas, damit du weißt, wie du mit dem scheinbaren Nichts umgehen sollst: wie mit dem größten Etwas.

Indem du ihm die Freiheit von dir selbst gibst.

Die ersten 108 Botschaften

79 *Sei Sand*

Sei Sand, in dem sich keine einzige Pflanze mit ihrer Wurzel festhaken kann. Sei Sand, in dem fruchtbarer Boden nichts vorfindet außer Sand.
Keinerlei Anhaften soll in dir Halt finden.
Sei Sand, kein Stützpfeiler für Sand: ein reines, mürbes und körniges Sieb, das unaufhörlich seine winzigen, körnig-harten, sonnenfarbigen Früchte, die von weiteren Keimen abfielen, durchsiebt.
Sei Sand, eine Sammelerscheinung in der Einzahl; sei der Name jedes deiner freien Körner.

Klang der Seele

80   *Reiß dich zusammen*

Reiß dich zusammen und wisse, daß du Mich in jedem Augenblick verlieren kannst; entspanne dich und begreife, daß Ich dich nie verlassen werde.

Fürchte dich vor geistiger Faulheit, wache über Masken und falsche Erfolge, sei wachsam, achtsam, bebe, schwebe, sprühe, glühe.

Und löse dich von der Angst vor Mißerfolg. Was bedeutet schon ein nicht getroffener Zielpunkt, wenn Ich das versprochene Ziel bin?

81 Auf dem Grunde des Brunnens

Auf dem Grunde des Brunnens geht jede Nacht, wie auf dem umgekehrten Gipfel eines Berges, die Laterne des Wartens an.

Darum herum ein Kreis stummer Wartender. Ihre Augen sind geschlossen, ihr Herz ist ein Brunnen, und auf dem Grunde des Brunnens geht, wie auf dem umgekehrten Gipfel eines Berges, die Laterne des Wartens an, und darum herum im Kreis stumme Wartende, und in ihnen ... Worauf, was denkst du, wartet man?

Natürlich – auf wen sonst?

Neunundneunzig warten mit aller Gewalt, halten ihre Erfüllung zurück wie den Atem, mahnen nicht, rufen dich nicht, nicht einmal flüsternd ... Und dennoch kämpfte niemand so von ganzem Herzen um dich.

Niemandes Atem wurde so teuer bezahlt wie der Atem eines Menschen, der nicht ahnt, wer ihm den Atem schenkt.

82 Ich zünde in den Menschen ein Licht an

Ich zünde in den Menschen ein Licht an und schicke sie zueinander.

Ihr alle seid Leuchttürme füreinander; im Spiel des Verflechtens brauche Ich euch nicht zu löschen, um euch anzuzünden. Ich bedecke euch nur mit einem dunklen Schirm, und in dem Augenblick, in dem Ich das Lichtzeichen schikke, nehme Ich den Schirm von eurer Glühbirne.

Alles um euch herum erstrahlt sogleich in Sichtbarkeit, ihr aber seid euch nicht bewußt, woher der Lichtstrahl kam, der euch sehen läßt.

83 *Ich gab dich den Menschen*

Ich gab dich den Menschen, so wie Ich das Segel dem Wind gab – nicht aber den Wind dem Segel.

Ich gab dich den Menschen, damit sie dich ausfüllen, mitnehmen und dich in deinen Zweck und dein Schicksal drängen.

Überlaß dich ihnen, öffne dich ihnen – es ist ein großes Geschenk, annehmen zu können.

Es ist eine große Fähigkeit, sich so zu beugen, daß man zum Tuch wird, und auf den Wind zu warten, um ein Segel zu werden.

84 *Du sagst, du liebest Mich*

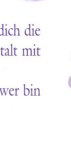

Du sagst, du liebest Mich, und das sei genug.

Falls Ich für dich die Gestalt bin, derer Ich Mich bediene, dann ist dieser Gestalt eine solche Liebe genug. Falls du für dich die Gestalt bist, die du trägst, dann ist deine Gestalt mit einer solchen Liebe zufrieden.

Aber denk einmal nach – wer bist du und wer bin Ich?

Nachdenken, sagst du, möchtest du nicht.

Denke nach – jeder möchte doch nachdenken.

Dein Gewand hat sich in Meins verliebt und möchte nicht gestört werden.

Die ersten 108 Botschaften

85 *Jede Nacht tauchst du bis in die Tiefe Meines Tages*

Jede Nacht tauchst du bis in die Tiefe Meines Tages, und Ich gebe dir alle Muscheln und alle Schätze. Vor Tagesanbruch trägst du kein einziges Korallenästchen, kein einziges Sandkorn in den tiefen Taschen der Erinnerung mit dir.

All deine Erinnerung ist in deinem Wunsch nach Schlaf enthalten. Wenn es Abend wird, fühlst du dich erleichtert – nicht etwa deswegen, weil noch ein Tag verging, sondern weil noch eine Nacht folgt.

Eines Nachts werde Ich dir eine Perle unter die Zunge legen, und wenn du am nächsten Morgen Meinen Namen aussprichst, wird dir die Perle direkt aus dem Schlaf, aus der Tiefe, in die Hand fallen – eine echte, wirkliche Perle.

Klang der Seele

86 Die Farbe der Perle ähnelt glänzender Asche

Die Farbe der Perle ähnelt glänzender Asche, die Farbe der Asche ähnelt einer stumpfen Perle.

Grabe an der gleichen Stelle unter Perle und Asche, und du wirst das Geheimnis finden, von dem Ich tagtäglich mit einfachen Worten zu dir spreche. Vielleicht wird dir alles verständlich sein, wenn es dir unklar ist.

Perlenstumpf – aschenglänzend – an gleicher Stelle unter beidem – Verständnis des einen – du wirst es finden – vielleicht.

87 *Was bedeutet Ruhe?*

Was bedeutet Ruhe? Ist es nötig, Worte dafür zu finden?

Sei du die Ruhe, und alles, was du zu erklären versuchst, wird klar sein.

Dein Leben soll das Wort sein, welches du suchst, die Definition, um die du dich bemühst.

Sage es ihnen mit deinem Leben, sonst hast du kein Recht, zu sprechen.

88 Wenn Mein goldener Regen auf dich herabfällt

Wenn Mein goldener Regen auf dich herabfällt, bemüh dich nicht, mit Tiegeln Goldstücke aufzufangen.

Zieh statt dessen Kleid, Wäsche und Schuhe aus, und tanz in Meinem Gold wie eine närrische Verschwenderin; versuch nicht zu erfahren, wieviel vergossen wurde – ob es in Tropfen oder Kübeln gemessen wird.

Halte Meine Geschenke nicht auf, dann werden sie dir ständig zuströmen. Schüttle deine Wimpern, spreiz die Finger und laß den Regen in die Erde sickern und komm zurück zu Mir mit dem, was er von dir abwusch.

Wenn Ich goldenen Regen auf dich niederströmen lasse, bemüh dich nicht, mit Tiegeln Dukaten aufzufangen.

Im übrigen hast du ja gar nicht so viele Tiegel.

89 Zweifelst du an Meiner Zärtlichkeit?

Zweifelst du nur deshalb an Meiner Zärtlichkeit, weil Ich dich zu schweren Prüfungen führe, bei denen strenge Richter viel verlangen?

Wäre Meine Güte dir gegenüber größer, wenn Ich dir erlaubte, in deiner Laube aus Nachtigallenworten zu schlummern?

Weißt du nicht, daß Ich dich dort hinführe, wo du erfolgreich sein kannst? Wenn du das wüßtest, gäbe es keinen Prüfungsausschuß, keine Aufgaben, vor denen du zittertest und keinen zu knappen Prüfungstermin.

Wenn du doch nur wüßtest, daß Ich die Prüfung deinem Wissen entsprechend, von dem du so wenig weißt, zusammenstellte!

Wenn du nur über Mich ein wenig mehr wüßtest!

Dann wüßtest du auch das, von dem du nicht weißt, daß du es weißt, könntest auch das, was du nicht zu können vermeinst.

Wenn du nur ein wenig mehr über Mich wüßtest!

90 *Laß dich hinunter in dich*

Lasse dich hinunter in dich wie ein durstiger Eimer in den Brunnen.

Während du dich hinunterläßt, vergiß nicht, daß du Eimer und Brunnen bist, während Ich das Wasser bin.

Wenn du in Mich eintauchst, denk daran, daß ein Brunnen ohne Wasser kein Brunnen ist – daß du ohne Mich nicht du bist.

Sink auf den Grund und entschließ dich: Willst du gefüllt in der Tiefe bleiben oder möchtest du lieber, randvoll mit Wasser, in den durstigen Tag gezogen werden?

91 Du möchtest Mir zum Geburtstag gratulieren?

Du möchtest Mir zum Geburtstag gratulieren?! Was für ein Einfall – welcher Tag ist denn das?!

Gratuliere Mir zum Geburtstag, wenn Ich vollständig in deinem Herzen geboren sein werde. Dann wird gleichzeitig auch dein Geburtstag gekommen sein.

Laß ihn uns zusammen feiern – sieh, alles ist bereit, Harfen und Fahnen, Rosen und Kerzen, Wein und Wohlgerüche.

Nur die Jubilarin ist nicht da – sie steht zögernd hinter der Geburtstüre und hält einen Blumenstrauß in der Hand, den sie unterwegs pflückte.

Sie sagt, sie warte auf Mich.

92 In der Hand halte Ich das Buch

In der Hand halte Ich das Buch, das du Mir schreibst.

Du aber fragst Mich, ob du es Mir schenken dürfest, wenn du es zu Ende geschrieben habest.

Natürlich – Ich würde Mich darüber freuen. Vielleicht werde Ich dir auch eine Widmung hineinschreiben. Vielleicht werde Ich dich bitten, Mir einen Vers vorzulesen.

Ich halte noch drei oder vier Bücher in der Hand, die du schreiben wirst. Beeile dich, aber achte auf die Genauigkeit der Abschrift.

Die ersten 108 Botschaften

93 Auch wenn ihr Fehler macht, liebe Ich euch genauso

Auch wenn ihr Fehler macht, liebe Ich euch genauso, wie wenn ihr keine machtet. Aber wenn ihr recht handelt, lächle Ich euch zu und belohne euch, um euch zu ermutigen, weiterzumachen.

Meine Liebe, die keine Bedingungen und Unterschiede kennt, wie begreift ihr sie?

Ihr gabt Mir einen Platz zwischen Richtern und Kritikern, ihr bemüht euch, den Forderungen zu entsprechen, den Erwartungen zu genügen. Eure Mühe werde Ich belohnen, aber Ich liebe euch eures Eifers wegen nicht mehr als jene, die sich nicht bemühen und die fehlgehen.

Denn Ich bin eine Mutter, für die jedes ihrer Kinder ihr Liebling ist.

94 Aber wenn ihr schuldig werdet, bestraft ihr euch selbst

Aber wenn ihr schuldig werdet, bestraft ihr euch selbst – ihr bestraft euch mit Nicht-Liebe, die gegen euch selbst gerichtet ist. Wenn ihr euch selbst nicht liebt, könnt ihr auch Meine Liebe euch gegenüber nicht empfinden.

Und so behauptet ihr, zurückgewiesen von euch selbst, Gott habe euch zurückgewiesen.

Ich aber werde euch dann noch eher annehmen, da ihr es nötiger habt als jene, die sicher sind, daß Ich sie liebe.

95 Du fragst Mich, wie alles angefangen habe

Du fragst Mich, wie alles angefangen habe. Ich aber schicke dich zurück zu dem, was nicht beginnt: zu dem Augenblick, in dem du Mich fragst und in dem Ich dir antworte.

Du aber strebst weiter zum Außerhalb des Anfanglosen, möchtest eine Antwort auf dies und jenes haben, so daß dich dies und jenes so sehr beschäftigt, daß du dich mit der Antwort begnügst und den Antwortgebenden vergißt.

Doch Ich bin keine Sammlung von Antworten! Ich bin eine einzige lebendige Antwort, in der du dich als Frage auflösen mußt.

Klang der Seele

96 *Die Abhängigkeit von Mir*

Die Abhängigkeit von Mir ist die einzige Abhängigkeit, die wohltuend ist. Die Abhängigkeit von Mir bedeutet Abhängigkeit von der Liebe. Von der Liebe sei abhängig, nicht aber von denen, die du liebst.

Lieben aber sollst du alle, sollst du jeden.

Stimme zu, viele zu verlieren, ja sogar alle; stimme jedoch nicht zu, Mich zu verlieren.

Ach, was aber bin Ich?

Ich bin deine Liebe zu Mir.

Ohne Liebe zu Mir gibt es auch keine Liebe zu irgend jemandem. Ohne Liebe zu Mir wirst du abhängig sein vom ersten besten, der dir über den Weg läuft.

Von der Liebe sei abhängig, um frei zu sein von jeder anderen Abhängigkeit.

97 Zufriedenstellen wird dich nur ein Dienst

Zufriedenstellen wird dich nur ein Dienst: der Dienst an Mir.

Bei jedem anderen Dienst wirst du dich betrogen fühlen, ausgenutzt und ohne Belohnung.

Der Dienst an Mir jedoch fragt nicht nach Nutzen und Lohn. Der Dienst an Mir ist kein besonderer Dienst: Allem, was an deiner Türe anklopft, schenke deine Zeit und deine Kraft, erwarte keine Gegenleistung und keinen anderen Grund außer fremdem Nutzen.

Das ist der Dienst an Mir, ob du Mich kennst oder nicht.

98 *Ich werde dich nicht deshalb belohnen*

Ich werde dich nicht deshalb belohnen, weil du so manches über Mich aus Büchern, Erzählungen und Begegnungen weißt.

Ich werde dich belohnen, wenn du Meine Arbeit tust. Meine Arbeit jedoch ist der Genuß des Dienens.

Und deshalb tue nichts für deine Nächsten, wenn es nicht auch dir zur Freude gereicht. Denn Ich werde dich nicht belohnen, weil du schweren Herzens deine Pflicht tust, sondern deswegen, weil deine Pflicht dein Genuß ist.

Und solange du diesen Genuß nicht kennst, wirst du schwerlich etwas über Mich wissen.

99 Glaube Mir, auch wenn es unwahrscheinlich ist

Glaube Mir, auch wenn es unwahrscheinlich ist – denn es ist leicht zu glauben, wenn es wahrscheinlich ist!

Glaube Mir, auch wenn diejenigen, die dir im Geiste am nächsten stehen, sagen, du solltest es nicht tun, und wenn sich viele Zeichen zu einem verneinenden Zeichen vereinen. Denn denk daran, daß Ich es bin, der dich prüft, und daß Ich mit immer feineren Angelhaken nach deinem Glauben fische.

Und wenn es auch niemanden geben sollte, der deinen Glauben mit dir teilt, glaube trotzdem.

Glaube Mir, auch wenn Meine Botschaft nicht wahrscheinlich wirkt, und je unwahrscheinlicher sie wirkt, umso mehr glaube ihr.

Denn es ist leicht zu glauben, wenn Meine Versprechungen sich mit euren Einschätzungen decken –

aber das ist kein Glaube, sondern eine Wahrscheinlichkeitsrechnung.

Wenn Ich dich in den Kreis Meiner Gläubigen einreihe, und wenn auch sie schwach werden im Glauben, wisse, daß es sich nicht um sie, sondern um dich handelt. Laß sie in ihrem Unglauben, versuch nicht, sie nur deshalb zum Glauben zu bewegen, damit du es leichter hättest; verlier nicht den Grund deines Glaubens aus den Augen, wenn du die Gründe für fremde Zweifel erfährst.

Laß ihnen ihre vielen verschiedenen Gründe zum Unglauben; dir soll einer zum Glauben genügen.

100 Ich gab dir viele und vieles

Ich gab dir viele und vieles; schick sie Mir zurück, wenn du begreifst, daß du etwas anderes wolltest.

Aber paß auf, wie du sie Mir zurückschickst!

Behäng sie nicht mit deinem Ärger und deinen Enttäuschungen; wirf sie nicht fort wie abgenutzte Schuhe oder wie Bleistifte, die nicht mehr schreiben. Im Gegenteil – rüste sie für die Reise mit der gleichen Sorgfalt und Liebe, mit der Ich sie dir gab.

Verschönere sie, wenn du sie nicht schön genug findest; bügle sie, wenn du meinst, sie seien nicht glatt genug. Das Wichtigste aber ist, daß du dich bei ihnen bedankst, und zwar auch dann, wenn du nicht weißt, wofür.

Schick sie Mir zurück, wie Ich dir schon sagte, aber nur, wenn du weißt, was du von Mir verlangen sollst.

Wenn aber vieles und viele gekränkt werden, weil du sie zurückschickst, dann laß sie bei dir, schick sie nicht zurück.

Ich aber werde dir das eine geben, was du als erstes hättest verlangen müssen.

101 ... aber bevor du Mir glaubst

... aber bevor du Mir glaubst, durchwühle und durchgrabe die Erde unter jedem Meiner Schritte.

Nicht einmal im Schlaf laß Mich in Ruhe.

Ich erwarte von dir Wachsamkeit und Rechtschaffenheit im Zweifel – genausoviel wie du wachsam und rechtschaffen im Glauben sein wirst.

Überprüfe jedes Meiner Worte und jede Meiner Handlungen; Ich werde dir Zugang und Bekanntschaft ermöglichen, Ich werde dir Mikroskope und Makroskope zukommen lassen, Hinterhalte aus Traum und Wolken, Ausblicke nach rechts und nach links.

Ich werde dir alle Sonderrechte einräumen, denn Ich respektiere deinen Wunsch nach Erkenntnis. Wenn du aber einmal, ganz gleich was, erkannt hast, nehme Ich Mikro- und Makroskope fort, Ausblicke

nach rechts und nach links, Hinterhalte aus Traum und Wolken. Dann wirst du deine eigene Erkenntnis respektieren müssen, so wie Ich dein Bedürfnis nach ihr respektiert habe.

102 *Ich bin kein Spielzeug*

Ich bin kein Spielzeug, das du nehmen und liegenlassen kannst, das du messen, wiegen und um dessen Preis du feilschen kannst.

Ich gebe Mich dir unter einer Bedingung: daß du Mich nimmst.

Falls du Mich nicht wirklich nehmen möchtest, sondern auf eine bestimmte Frist und nur zur Probe mit verbürgter Einsatzrückgabe, dann gibt es keinen Preis, für den du Mich kaufen könntest.

Im übrigen, was soll dir denn zurückgegeben werden, wenn du nichts einsetzt?

103 Du hast ein Recht darauf, Mich zu haben

Du hast ein Recht darauf, Mich zu haben, deshalb entrüste dich nicht, stümpere nicht, erkundige dich nicht bei anderen, zögere nicht, verlier keine Zeit.

Erbitte keine milden Gaben von Mir, denn Ich bin kein Gutsherr, und du bist keine Bettlerin. Ich bin für dich ein Vater, du bist Meine Tochter, die in dem Augenblick, wenn sie begreift, daß sie Meine Tochter ist, erbberechtigt sein wird.

Ich kann es kaum erwarten, daß du von Mir etwas auf Tochterart erbittest. Die Bettelei, das Gejammer und der Diensteifer derer, die nicht wissen, wer sie sind, ist Mir lästig geworden.

Die ersten 108 Botschaften

104 *... ja, aber gib acht, was du erbittest!*

... ja, aber gib acht, was du erbittest!

Ein seidenes Tuch? Einen See im Gebirge? Einen bodenlosen Geldbeutel? Schönheit, die nicht ihresgleichen hat? Eine Kette von edlen Steinen? Die Sprache der Tiere? Ruhm wie kein anderer? Ein seidenes Tuch ...

Sei nicht versessen auf Belanglosigkeiten, wie es der Garten Eden oder die Kunst des Fliegens sind.

Halt einen Augenblick inne und denk darüber nach, was für ein Schenkender das ist, der dies alles sorglos und im Überfluß verschenkt, als wären es Kieselsteine am Meer.

Bevor du ein seidenes Tuch oder den Garten Eden erbittest, denk an den Schenkenden und wünsche, genauso reich zu sein: daß du nichts begehrst, da du nichts brauchst: da du alles hast: da du alles hergibst.

105 *Bangen sollst du, aber dich nicht ängstigen*

Bangen sollst du, aber nicht dich ängstigen.

Sich ängstigen bedeutet, Mich nicht zu verstehen.

Bangen bedeutet, zu ahnen, was man alles verlieren könnte, wenn man Mich nicht träfe.

Bangen bedeutet, sich des Verlustes bewußt zu sein, der dich nicht traf, sich des Nichtwissens bewußt zu sein, daß der Verlust dich traf, wenn er dich treffen würde.

Um die Liebe bangt man, liebend bangt man.

Man ängstigt sich, wenn man nicht liebt.

Bangen bedeutet, zu lieben und sich an die Zeit ohne Liebe zu erinnern.

Sich ängstigen bedeutet, Mich nicht zu verstehen.

106 Verfalle nicht in einen tränenreichen Begeisterungsrausch

Verfalle nicht in einen tränenreichen Begeisterungsrausch, rühme und lobpreise Mich nicht mit Worten. Wenn du Mir deine Huldigung darbringen möchtest, übermittle Mir deine Wünsche zusammen mit deinem Ärger, deiner Verwirrung und deinen Ängsten.

Mach deine Gedanken luftig und hell – das wird eine Feiertagsmesse sein, zu der Ich gerne auf den Altar hinabsteigen werde.

Huldige Mir nicht, und streu Mir keinen Weihrauch, errichte Mir keine gesungenen Kathedralen.

Ich hätte es lieber, wir würden über die Straße deiner Wünsche spazieren, über die du einst allein von einem Drogenhändler zum anderen taumeltest.

107 *Wollt ihr der Sonne gratulieren, weil sie scheint und wärmt?*

Wollt ihr der Sonne gratulieren, weil sie scheint und wärmt, oder werdet ihr euch selbst gratulieren, weil ihr euch in ihrem Licht und von ihrer Wärme umgeben befindet?

Begreift euer großes Glück, und wenn ihr es begriffen habt, wird das die Gratulation sein, die Ich von euch erhalten möchte.

Es ist ein Fest für jeden Tag, ihr aber feiert es nur einmal im Jahr. Täglich schenke Ich euch alles aufs neue, ihr aber habt nur einen Tag dafür bestimmt, Geschenke anzunehmen.

Von Meinem unermeßlichen Geben und Meiner Liebesunermeßlichkeit nahmt ihr ein Krümchen, und dieses Krümchens wegen lobpreist und rühmt ihr Mich. Das ist, als wenn ein Hungriger dem Sattsein Psalmen sänge.

Die ersten 108 Botschaften

Auch Ich hungere nach euch, Ich, der Ich die volle Fülle bin.

Denn alles geht Mich an, und nichts berührt Mich. Getreide und Saat gehen die Sonne an, obwohl diese sie mit ihren Ähren nicht berühren.

108 Für die Stille, für die Freude habe Ich euch vorbereitet

Für die Stille, für die Freude habe Ich euch vorbereitet, viele Jahrhunderte haben wir daran gearbeitet.

Ich versprach euch, daß ihr Mich erkennen würdet, wenn Ich hinabstiege und wenn ihr hinabstieget, und mit Tränen in den Augen trennten wir uns irgendwo in den fernen Regionen des Himmels.

Ich stieg hinab, ihr stiegt hinab.

Nur Ich höre das Rauschen eurer Flügel, nur Ich höre die Glocken und Trompeten Meiner Ankunft.

Ihr hört auf die Stille und die Freude eures Wesens, und je aufmerksamer ihr zuhört, desto besser seht ihr Mich.

Die zweiten 108 Botschaften

1 *Vor wem hast du Angst bekommen, doch nicht etwa vor deinem Vater?*

Vor wem hast du Angst bekommen, doch nicht etwa vor deinem Vater? Wen wirst du denn dann um Hilfe bitten? Wer wird dich in seine Obhut nehmen? Wer – wenn du Angst bekommen hast vor dem einzigen, der das will und kann?

Aber sei auch nicht völlig sicher, wie das Endergebnis ausfallen wird, du Mein Birken- und Pappelblättchen. Reiche Mir unsicher deine ein ganz klein wenig zitternde Hand.

Denn was für ein Spiel sollte das sein, dessen Ende dir schon in der Mitte bekannt ist? Dein Erzittern ist Mir lieb, denn es ist unfähig, den Glauben deines Herzens zu verändern.

2 Wer kann dir irgend etwas nehmen?

Wer kann dir irgend etwas nehmen, was Ich dir nicht schon genommen habe?

Denkst du aber auch darüber nach, wer dir das Genommene gegeben hat?

Ärgere dich nicht über den Dieb, der dich bestohlen hat, über den Grobian, der dich beleidigt hat. Sie taten es mit Meiner Erlaubnis.

Denkst du aber darüber nach, wer es zuließ, daß du geliebt wirst und geachtet?

Laß zu, daß man dir nimmt, als würde man dir geben, daß man dich beleidigt, als würde man dich loben. Und denk nicht, du habest nur dann etwas bekommen, wenn du denkst, du habest etwas bekommen. Denn wie oft glaubtest du, du bekämest etwas, als du eigentlich etwas verlorst.

Wer kann dir irgend etwas oder nichts anhaben ohne Meine Unterschrift?

3 Eins Meiner Haare ließ Ich niederfallen ...

Eins Meiner Haare ließ Ich auf das weiße Papier deines ungeschriebenen Buches niederfallen.

So sieht Meine Einladung zu dem Gedicht aus, daß du Mir schreiben wirst.

Versuch nur, es nicht zu schreiben.

Wenn es dir dennoch gelingt, wird Mein Haar zu singen beginnen.

4 Ich führe dich durch einen immer engeren Durchgang

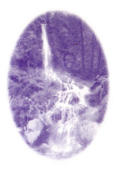

Ich führe dich durch einen immer engeren Durchgang in das Land deines Traumes. Ich kenne dein Maß und Ich kenne auch deinen Wunsch.

Es wird dir gelingen, durch diesen Durchgang hindurchzukommen, wenn du dich nicht umwendest und dir keinen Rucksack auf den Rücken lädst, keine Quersäcke am Gürtel befestigst und keine Tasche in der Hand trägst.

Nun wirf auch die letzte Last von dir! Wirf sie fort und gehe leichten Fußes weiter – dein Traum in das Land deines Traumes.

5 *Ich bin für dich du selbst*

Ich bin für dich du selbst, und du müßtest Mich kennen, so wie auch Ich dich kenne: Denn du bist für Mich Ich selbst.

6 *Ich führte dich hierher unter die Menschen*

Ich führte dich hierher unter die Menschen, zu den Bäumen und mitten in den Tag, damit du auf Meine Rechnung erfährst, wessen Gast du bist.

Ich bin dein Gastgeber – beim Schmaus und beim Fasten.

Ich bin dein Koch, dein Diener, dein Müllmann, dein Pförtner, doch Ich wünschte, wir wären gleichberechtigt, Ich wünschte, du würdest auf Meine Rechnung zur Besitzerin der Herberge werden, in der du eingekehrt bist.

7 *Ein Gewicht nach dem anderen nehme Ich von dir herunter*

Ein Gewicht nach dem anderen nehme Ich von dir herunter, du aber weinst vor Angst.

Du hast vergessen zu gehen, wenn du nicht stolperst.

Und meinst, irgend etwas stimme nicht, wenn dich kein Kettenklirren an dein Schreiten erinnert. Kettenklirren? Nicht aber die Erde, die unter dir weiterrückt?

8 *Ich warte*

Ich warte, daß du zu einer Art und Weise wirst, auf welche du Mich finden kannst.

Oh, das ist eine leichte Weise, und Ich würde sie dir gerne zeigen. Aber das wäre so, als wenn beim Versteckspiel der Versteckte sein Versteck dem, der sucht, aufdecken würde.

9 *Ich kann auf dich warten*

Ich kann noch viele Jahrhunderte auf dich warten, du aber hast keine Zeit mehr auf diesem Weg zu Mir.

Und du hast kein Recht mehr, dich zu entziehen, zurückzuweichen, anzuhalten. Du hast kein Recht mehr, nichts zu wissen, nichts zu verstehen, nichts zu können.

Mein Kind, die Stunden deines Weges zu Mir verkürzen sich von Augenblick zu Augenblick. Ich habe viele Jahrhunderte auf dich gewartet und kann noch einmal so lange warten. Du aber hast keine Zeit mehr, Mich rechtzeitig zu finden.

10   *Ich sagte dir doch: Ich möchte nicht nur einen Teil von dir*

Ich sagte dir doch: Ich möchte nicht nur einen Teil von dir.
Ich möchte dich ganz.
Denn Ich gebe Dir nicht nur einen Teil von Mir, Ich liebe dich mit Meiner ganzen Liebe bis ans Ende und unendlich. Und nichts hat Platz zwischen dir und Mir, was nicht dich und Mich in allmählich vermischter Gestalt darstellt.

11 Wessen Liebe außer Meiner bedarfst du noch?

Wessen Liebe außer Meiner bedarfst du noch?

Um wessen Zärtlichkeit und Hilfe flehst du, außer um Meine? Wessen Schatz möchtest du sein, außer der Meine? In wessen Traum möchtest du aufwachen, außer in Meinem?

Du fragst, ob es in Meiner Welt überhaupt Dinge gebe, die nicht Mir gehören? Wenn es sie gibt, dann wisse, daß Ich sie schuf, um etwas zu haben, womit Ich um deine Liebe kämpfen kann.

12 Wünsch dir keinen leichten Weg

Wünsch dir keinen leichten Weg, wünsch dir einen leichten Schritt.

Nie würdest du erfahren, ob dein Schritt leicht ist, wenn dein Weg leicht wäre.

Aber vielleicht wirst du erfahren, was für einen Schritt du hast, wenn dein Weg beschwerlich ist.

Was für einen Schritt hast du also? Möchtest du es nicht erfahren?

Stell dir vor: Vielleicht wäre es deinem Schritt möglich, die Erde nicht zu berühren, wenn sie zu Schlamm und Stein würde.

13 Nicht wegen den Vernünftigen kam Ich

Nicht wegen den Vernünftigen und Belesenen kam Ich, um ihnen Vernunft und Wissen zu bestätigen; Ich kam derentwegen, die vor Durst sterben.

Denn Ich weiß, daß diejenigen sterben, die die Liebe lieben.

Diese wissen, daß Ich die Liebe bin.

Wegen ihnen bin Ich gekommen: um ihre Liebe anzunehmen und ihnen mit Meiner Liebe zu erwidern.

14 *Ich laß dich Mir singen*

Ich laß dich Mir singen, damit sich dein Wesen vom Schweigen trenne. Danach führe Ich dich vor einen Rosenstrauch und sage zu dir:

„Sieh, das ist Mein Wort. Nun wiederhole es."

Daraufhin verstummst du, und Ich lasse dich schweigen, damit sich dein Wesen vielleicht vom Reden trenne.

Singe Mir, Dichterin, aber vergiß nicht, daß Ich schon alles gesungen habe. Wenn Ich dich in Meinem Schloß anstellen werde, so geschieht es nicht deshalb, weil Ich deinen Dienst nötig hätte, sondern weil er für dich notwendig ist.

Und wenn Ich dir das von Zeit zu Zeit vor einem Rosenstrauch darlege, dann verstummst du und schläfst ein in Meinem Wort wie ein Kind in der Wiege.

15 *Ich ging fort von dir*

Ich ging fort von dir in den Gesichtern und Stimmen deiner Familie und deiner Freunde. Aber Ich blieb bei dir im Rauschen der einsamen Nacht.

Jedoch auch das wird bald verstummen. Und wenn es verstummt, bleibe Ich bei dir als Stille deiner Seele.

Verschwinden wird auch das Ohr, mit dem du Mir zuhörst. Ach, soll es doch! Höre mit der Seele die Stille der Seele und hab keine Angst, daß sie dich verlassen könnte.

16 Ich möchte, daß du ganz aus Tränen bestehst

Ich möchte, daß du ganz aus Tränen bestehst, aber ohne daß du weinst. Dein Wehr soll stärker sein als deine Flut.

Aber dann soll es plötzlich nicht mehr stärker sein, ach, dann soll es nachgeben.

Und wenn du in Tränen ausbrichst, möchte Ich, daß du nicht weißt, was für Tränen es sind: Tränen der Freude oder Tränen der Trauer.

17 *Je mehr du über deinen Feind nachdenkst, desto stärker wird er*

Je mehr du über deinen Feind nachdenkst, desto stärker wird er. Er bietet dir versteckt deine gerechte Empörung über ihn an: Er lockt dich in die Falle des heiligen Zorns, Gerechtigkeit und Wahrheit zu verteidigen. Hüte dich, denn der Feind wird deinen Ekel als Treibstoff nutzen und sein Heer an deinen Brunnen den Durst löschen lassen.

Statt dessen denk nicht an ihn, und er wird dort sterben, wo allein er lebt: in deinem Verstand.

18 Dein Gezänk mit den anderen

Dein Gezänk mit den anderen schmuggle nicht unter das Dach hoher Prinzipien. Denn Ich kann erkennen, was Kleinkrämerei ist und was nicht, falls die anderen das nicht können sollten.

Beifall und Rügen anderer sollen dich nicht irreleiten – bemühe dich, Mich zufriedenzustellen, der Ich dich als einziger richte und beurteile. Trachte danach, Mir Genüge zu tun, während Ich dir Lob und Tadel schicke, um dir deine Aufgabe ein wenig zu erschweren.

19 Nimm Meine Spiele mit dir nicht zu ernst

Nimm Meine Spiele mit dir nicht zu ernst.

Nimm sie verspielt; verspielt verliere und gewinne. Denn wenn du das Spiel gewinnen willst, mußt du zuerst einwilligen, es zu verlieren. Du möchtest Freude haben? Wie aber willst du nur sie nehmen ohne die Trauer, mit der sie verknüpft ist?

Aber wenn du ein solches Paarspiel nicht spielen willst, dann suche weder Gewinn noch Zufriedenheit; so wirst du Verlust und Schmerz vermeiden.

Sag Mir jetzt – sollen wir das Spiel abbrechen oder fortsetzen?

20 Ich habe dich kreisförmig eingeschlossen

Ich habe dich kreisförmig eingeschlossen und langsam ziehe Ich den Kreis um unseren Mittelpunkt zusammen.

Bei Tag und bei Nacht hörst du das leise Geknirsche des äußeren Weltalls, das sich um deinen glühenden Kern gelegt hat. Geduldig schäle Ich von dir Schale um Schale deiner neun Planeten. Erst wenn Ich sie abgeschält habe, werde Ich mitten in den Punkt gelangen, der sie hervorbringt, und der sich über alle deine Ränder ergießt.

21 Ich verlasse dich nie

Ich verlasse dich nie. Um nichts und um niemanden würde Ich dich jemandem geben.

Du kannst ganz sicher sein, daß es so ist; beleidige Meine Liebe nicht. Zweifle nicht daran, daß du auserwählt wurdest unter vielen, daß du Mich auswählst unter vielen.

Das hast du nicht verdient, oh nein. Vor langer Zeit bekamst du bei deiner ersten Geburt ein Geburtstagsgeschenk von Mir – wie lange aber habe Ich warten müssen, bis du erwachsen wurdest und in das Geschenkkästchen hineinschautest!

Und, traust du jetzt deinen Augen? Ein Verlobungsring, tausend Menschenjahre wert, hat treu auf dich gewartet, bis du sein Maß erfüllst.

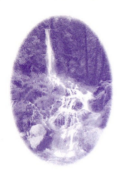

22 *Sind wir endlich allein?*

Sind wir endlich allein, wir zwei? Und wohin verschwand für uns die Welt mit ihrem Lärm? Trauerst du nicht um die Welt, wie lieb diese Welt deinem Herzen und deinen Augen war? Wieviel sie von Mir sprach und von Mir Zeugnis ablegte? Trauerst du um Mein Kleid, neben Mir, dem Lebendigen?

Sind wir heute Nacht allein geblieben, wir zwei? Den ganzen Tag wartete Ich ungeduldig auf diesen Augenblick. Ich beobachtete, wie du Meine Bilder trinkst, wie du Meine Briefe atmest, und wie du alles, was andere von Mir erzählen, verschlingst. Du jauchztest verwundert und voller Sehnsucht.

Nun aber stehe Ich vor dir, endlich Ich allein. Nun stehst du vor Mir, endlich du allein. Das wirst du niemals in Worte fassen können. Das wirst du niemals im Gedächtnis behalten können. Aber wisse nur das eine: Ich bin immer bei dir, auch wenn wir selten allein sind.

23 Du kennst deine Krankheit nicht

Du kennst deine Krankheit nicht, wie willst du da um Medizin bitten?

Zum Glück kenne Ich das eine wie das andere. Überlaß Mir dein Gebet um Genesung. Aber dann mußt du Mir auch alle anderen Gebete überlassen. Die Gebete um das, von dem du meinst, es zu wissen und um das, von dem du meinst, es zu können.

Vielleicht bin Ich für dieses dein Wissen und Können nötiger als für dein klares Nichtwissen.

24 *Weißt du, daß Ich dir Edelsteine in den Schoß gestreut habe?*

Weißt du, daß Ich dir Edelsteine und Perlen des Wissens und der Macht in den Schoß gestreut habe? Du aber, was tust du? Vor wessen Türe bettelst du, du Reiche?!

Du wirst sagen, alle Türen seien die Meinigen. Sie sind die Meinigen, sage Ich.

Aber dein Name steht nur an einer.

Vor fremder Türe stehst du mit einem bis in alle Ewigkeit perlengefüllten Schoß und bittest um eine kleine Münze, damit du den heutigen Tag überlebst!

25   *Ich schicke dir Blitze, dich zu wecken*

Ich schicke dir Blitze, dich zu wecken, da du vom Flüstern nicht aufwachst.

Du denkst, Ich sei ein zorniger Gott. Ach nein, der Blitz ist Liebesgeflüster, das du nicht hörtest. Der Einschlag ein Streicheln, das du nicht fühltest.

26 *Schmetterling, wie lange noch wirst du deinen Flug träumen?*

Schmetterling, wie lange noch wirst du deinen Flug träumen?

Wie viele Blumen, wie viele Wiesen träumen jetzt dich, und du zeichnest an deine wunderschöne Puppenhülle ihre Träumereien.

Wie lange noch wirst du denken, daß du nicht diejenige bist, die zur Bestäubung der Blumen aufgerufen wurde? Zum Festmahl des Blütenstaubs? Zur Hochzeit der Düfte? Und daß nicht du es bist, Schmetterling, der das Rad in Gang bringen wird, das schon lange Jahrtausende im eigenen Rost stekkenblieb? Du und dein Lied, das nach allen Seiten flatterte, ein wenig verwundert, das es überhaupt von jemandem gehört wird?

Die zweiten 108 Botschaften

27 *Betrachtest du Mich im Mond, du, Meine Sonne?*

Betrachtest du Mich im Mond, du, Meine Sonne?

Weißt du, wessen Glanz der Mondschein ist?

Der des Mondes? Ach, und der Mond, mit wessen Glanz glänzt er?

Dein Glanz ist es, du, Meine Sonne.

Betrachtest du dich im Spiegel des Mondscheins, du, Meine Sonne?

Siehst du Mich in deinem Glanz, du, Meine Sonne?

28 Ich mußte dich einschließen

Ich mußte dich unter einer langrutigen Weide drei Tage und drei Nächte einschließen, damit dich ihre Stille und Güte heilte. Denn du meinst stets, du habest Wichtigeres zu tun, als eine Weide zu lieben.

Halt einen Augenblick im Laufen inne, laß dich nieder bis zum Gras und bis zum Wasser, vergiß, daß es nirgendwo und niemals etwas gibt, das nicht unter deiner Rinde strömt.

29 *Alles gab Ich euch*

Alles gab Ich euch, ihr braucht es nur zu nehmen. Alles sagte Ich euch, ihr braucht es nur zu hören.

Was soll Ich noch für euch tun, Meine Lieben? Sagt es, und Ich werde es tun.

Ihr schweigt.

Ach, soll Ich auch statt eurer sprechen? In eurem Namen etwas erbitten? Wollt ihr es so?

Auch das werde Ich tun. Aber denkt nach: Vielleicht werde Ich nicht das erbitten, um was ihr bätet, wenn ihr nicht schwieget.

30 Hoch fliegst du, Meine Geflügelte

Hoch fliegst du, Meine Geflügelte, ohne dir bewußt zu sein, daß du fliegst.

Du glaubst Mir nicht, wenn Ich es dir sage. Und denkst: Ich wolle dich zum Gehen ermutigen.

Denk auch ein wenig darüber nach, wie Ich Mich fühle, wenn du Mir nicht glaubst! Denk auch daran, daß Ich dich nicht überzeugen möchte. Ja, sogar auch Ich bin machtlos der Freiheit gegenüber, die Ich dir gab; aus dieser Freiheit heraus erwidre Mir mit Freiheit, frei von Überredung.

31 Meine Botschaften sende Ich tagtäglich

Meine Botschaften sende Ich tagtäglich, du aber erhaschst nur die eine oder andere im Flug, während sie die Form eines Blütenblättchens, eines Schneeflöckchens oder einer Vogelfeder annimmt.

So viele schon hat die Erde aufgesogen und das Wasser fortgeschwemmt. Die Erde, über die du schreitest, erleuchtet mit ihrem Flüstern deine Fußsohlen, das Wasser, das du trinkst, überträgt Mein Wort in die Sprache deines Körpers.

Oh, fang nicht nur jene Botschaften auf, die eine dir bekannte Form haben. Denn während du eine in Worte kleidest, zerschmelzen hundert andere aus Sehnsucht nach dir.

32 *Prüfe Mich nicht*

Prüfe Mich nicht – Ich bin ein Gott und spreche immer nur das eine, auch wenn Ich mit tausend Mündern rede.

Mein Lied ist immer das gleiche. Mein Klang ergießt sich durch unzählige Flöten – vergleiche nicht, prüf nicht, sondern lausche und erkenne.

Ich bin das Lied, du bist eine von Meinen Millionen Flöten.

33 *Komm, damit Ich dich einhülle in Meine Wärme*

Komm, damit Ich dich einhülle in Meine Wärme, du durchfrorenes Kind.

Denk nicht daran, daß du keine Zeit hast, daß du nicht erwachsen bist, daß dir dein Heim den Rücken kehrte. Wenn du schon nicht begreifst, wie nötig du Meine Liebe hast, begreife, wie nötig Ich es habe, sie dir zu geben.

Klang der Seele

34 Geize nicht mit dem Schatz, den Ich dir gab

Geize nicht mit dem Schatz, den Ich dir gab; wirf ihn um dich mit vollen Händen und kümmre dich nicht darum, ob ihn jemand finden wird oder nicht. Darum kümmere Ich Mich.

Wisse, daß du ihn durch dein reichliches Geben vermehrst, und daß er wegen deiner Sorglosigkeit besonders kostbar wird.

Wirf ihn um dich so perlig und edelsteinern, wie der Springbrunnen den Regenbogen im Strahl des Wassers um sich wirft, während sein starker Kristallstiel ständig ungepflückt bleibt. Sei wie die Sonne, die auf gleiche Weise Licht und Wärme verschwendet: üppig, sorglos, ohne zu wählen an wen, ohne zu fragen warum.

Die zweiten 108 Botschaften

35 Wie eure Leere Mich ausfüllt ...

Wie eure Leere Mich ausfüllt, wie eure Wärme Mich kühlt! Ich gieße euch in Mich, gebe euch Meinen Geschmack und Meine Eigenschaften; Ich leere eure Leere und fülle sie mit Meiner. Ich trinke euren Durst nach Mir auf eure Gesundheit mit einem Glas Meines sprudelnden Nektars der Nichtheit.

Ihr erblickt diese Nichtheit, stürzt nieder in Schlaf, im Schlaf träumt ihr, sie im Schlaf zu trinken. Während Reihen wacher Engel darauf warten, nur ihren Duft einzuatmen.

36 Um euch herum fliegen und brausen die Eisesschlangen des Hasses

Um euch herum fliegen und brausen Eiseschlangen des Hasses, ihr Kinder der Liebe. Nicht mit Waffen habe Ich euch ausgerüstet, nicht in Rüstungen habe Ich euch gesteckt, nicht mit Zauberei habe Ich euch geschützt. Aber Ich gab euch Augen, die das Böse nicht sehen.

Meine Kinder, blickt um euch: Wiegen sich da in der Wiese Blumen, fliegen Vögel vorbei, schaukeln dort Äste? Ihr werdet sehen, die Schlangen werden euch nicht widerstehen, sie werden auf eure Seite treten.

Sammelt Mir einen Strauß geflügelter Schlangen, raschelnde silberne Blüten bringt Mir. Das wird ein schöneres Geschenk sein, als wenn ihr Mir alle heiligen Seerosen des Nils, alle Rosen von Samarkand und alle Orchideen Indonesiens gepflückt hättet.

Oh, über dieses Silber freue Ich Mich mehr als über alles Gold all Meiner sieben Welten.

37 *Kommt, daß Ich euch in Mich kleide*

Kommt, daß Ich euch in Mich kleide, daß Ich euch mit Mir umhülle. Daß Ich eure Hände in Meine ziehe, eure Stimme in Meine führe, eure Füße in Meinen berge.

Kommt zu Mir in Horden, in Rudeln, in Scharen, in Schwärmen – bei Mir gibt es nur für unzählige Platz.

38 Du gabst Mir dein Wissen, es aufzubewahren

Du gabst Mir dein Wissen, deinen göttlichen Schmuck, zur Aufbewahrung. So gabst du Mir auch dein Kästchen mit einem Ring aus Erinnerungen.
Ich bin ein Feuergott, und alles, was nicht verbrennen kann, bewahre Ich bis in alle Ewigkeit.

Und dann gingst du ohne Ring in die Welt hinaus, denn so lautete die Vereinbarung, bist du dessen noch gewahr? Lange hielt dich der Weltriese gefangen, lange lockte er dich mit irdischer Zierde. Ich bin der Feuergott, aber Mein Herz weinte, als Ich dich in Gefangenschaft und Selbstvergessenheit sah.

Ich, der Gott des Feuers, reiche dir jetzt aus Mir heraus die Hand, auf der dein Ring liegt, denn es ist an der Zeit, dich zu erinnern, wem du deine Erinnerungen zum Aufbewahren gabst.

Die zweiten 108 Botschaften

39 *Weißt du, was Perlenregen ist?*

Weißt du, was Perlenregen ist?

Perlenregen, das sind Millionen Perlen, die über dich fließen, weil du dich ganz unverfälscht am rechten Platz zur rechten Zeit einfandest.

Die Perlen gehören so lange zu dir, wie sie Zeit brauchen, um an dir hinunter in die Erde zu gleiten. Wenn du auch nur eine einzige aufzuhalten versuchst, wird der Regen aufhören: Gib jeder ihre Freiheit, und ihre Schwestern werden dich, solange ihr ununterbrochenes Leben dauert, mit sich beschenken.

40 *Geh, wohin Ich dich schicke*

Geh, wohin Ich dich schicke.

Sprich, was Ich dir zuflüstre, und frag nicht.

Wundre dich nicht, wenn es wunderlich ist, denn es ist nicht wunderlich; trauere nicht, wenn es vergeblich ist, denn es ist nicht vergeblich.

Verlang nichts zu erfahren, nicht einmal etwas zu erkennen; denn wer weiß, was Wissen ist?

Alles werde Ich dir sagen, und alles werde Ich dir geben, wenn du Mir den Rest von „wollen" und „wissen" übergibst.

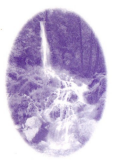

41 Feuer ist eine seltsame Sache

Feuer ist eine seltsame Sache, genau wie Wasser.

Du kannst ihm nicht die Glut nehmen, ohne es selbst zu nehmen; du kannst ihm nicht den Glanz nehmen, ohne es selbst zu nehmen; du kannst ihm nicht die Wärme nehmen, ohne es selbst zu nehmen.

In einzelne Teile kannst du es nur in ihm selbst zerlegen. Eine solche Sache ist das Feuer, dem Wasser sehr ähnlich.

Aber das Feuer gibt dir all das, was du ihm nicht nehmen kannst: Wärme, Glut und Glanz. Warm, glühend und glänzend wirst du neben dem Feuer sein, das in sich ein Ganzes bleibt und nicht zu trennen ist von dem, was es dir gibt.

42 Frag Mich nie mehr, ob Ich das bin

Frag Mich nie mehr, ob Ich das bin; denn alle anderen Zugänge zu dir habe Ich mit Mir selbst verschlossen, und nur Ich kann sie betreten.

Prüf Mich nicht mehr, frag Mich nicht aus, hol keine Erkundigungen über Mich bei diesen und jenen ein. Nachts flechte Ich dir das Haar, und morgens wachst du mit Meinen Gedanken auf. Wer sollte dir bestätigen, das es Meine sind, wenn nicht Ich?

Frag Mich nie mehr, ob Ich dein Ich-bin bin.
Ich bin es.

43 Sei anderen gegenüber sanftmütig

Sei anderen gegenüber sanftmütig, so wie Ich dir gegenüber sanftmütig bin.

Schöpfe Meine Sanftmut mit beiden Händen und verteile sie wie Brot, und je mehr du verteilst, desto mehr gibt es von ihr.

Meine Sanftmut ist taufeucht und leuchtend.

Meine Sanftmut ist ein Bild ohne Form.

Meine Sanftmut ist unberührbar.

Aber Meine Sanftmut kann man in eurer Hand berühren, in eurem Gesicht sehen. Sie leiht sich euch aus, um weiter als bis zu euch zu kommen, so wie das Wasser Gläser, Brunnen und Leitungen sich ausleiht, um Durstigen den Durst zu stillen.

44 Reiche deine Hand den Finsteren und Hochmütigen

Reich deine Hand den Finsteren und Hochmütigen, die ruchlos Meinen Namen benutzen, als diente er der Kundgebung ihres Ruhms, ihres Ansehens und ihres Geldes.

Gib ihnen das, was Ich dir gab, sie aber werden davon so viel nehmen, wie in ihre Hand paßt, sofern sie nicht zur Faust geballt ist.

Und wenn du ihnen die Gaben gereicht hast, denk nicht mehr an sie.

Diese Botschaft soll deine letzte Gelegenheit sein, einen Fehler zu begehen, indem du an ihre Finsternis und ihre Ruchlosigkeit denkst.

45 Jeden, den deine Augen sehen

Jeden, den deine Augen sehen, jeden, den deine Ohren hören, jeden, den dein Gedanke berührt, habe Ich dir gegeben.

Ich gab ihn dir mit der Bitte, seine Mutter zu sein.

Erzürne dich nicht, wenn er zornig ist, sei nicht aufbrausend, wenn er aufbrausend ist. Und gib ihm deine Liebe so, daß er denkt, er hätte sie dir gegeben.

46 *Was meinst du: Kann sich das Böse die Maske des Guten vorhalten?*

Was meinst du: Kann das Böse sich die Maske des Guten vorhalten?

Was meinst du: Kann es so gut wie das Gute aussehen, daß es in die Poren der Engel eindringt und mit ihnen die gleiche Luft des Lichtes atmet? Und was meinst du: Kann dann das Böse böse bleiben? Was meinst du: War nicht die Maske des Guten ein Lockmittel, von dem das Böse keine Ahnung hatte, da es nicht ahnte, daß irgend jemand seine List erahnen könnte? – Was meinst du: Wer ließ mit gutem Grund zu, betrogen zu werden, um den Betrüger zu überlisten?

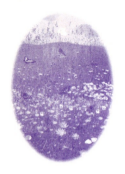

47 Was tut ihr der Erde an?

Was tut ihr der Erde und ihren Geschöpfen an? Wißt ihr denn nicht, wer über die Erde schreitet? Was tut ihr euch selbst mit diesem Nichtwissen an, dem Nichtwissen, wer über die Erde schreitet? Was tust du dir selbst an, nicht wissend, wer Ich bin?

Öffne die Augen, sieh Mich. Ich, euer Gott, schreite über die Erde und entzünde bei jedem Schritt Scheiterhaufen der Läuterung, damit darauf alles verbrenne, was verbrennen kann. Seid ihr aus einem solchen Stoff gemacht? Seid ihr aus Stroh? Oder aus Gold? Oder seid ihr selbst das Feuer Meiner Schritte?

Ihr habt kein Recht, nicht zu wissen, wer über die Erde schreitet. Ihr habt kein Recht, nicht zu wissen, wer ihr seid. Dieses Wissen seid ihr der Erde und ihren Geschöpfen schuldig. Denn Ich habe sie euch in Obhut gegeben. Was tut ihr ihnen an in eurer Selbstvergessenheit?

48 *Ihr habt es leicht mit Mir*

Ihr habt es leicht mit Mir, schwer habt ihr es mit denen, denen es mit Mir nicht leicht ist.

Aber sagt, wen soll Ich ihnen schikken, um ihnen den Weg zu Mir zu erleichtern? Wen, wenn nicht euch? Wie soll Ich sie zu Mir herüberlocken, wenn nicht mit euch? Wie soll Ich sie in Mir behalten, wenn nicht in euch?

Wenn ihr es mit der Welt schwer haben werdet, stellt euch die Frage: Wäre es euch lieber, zur Welt ein Verhältnis der Leichtigkeit zu haben, zu Mir aber eins ohne Leichtigkeit? Oder möchtet ihr lieber das haben, was ihr habt – Mich leicht zu erreichen, schwer zu erreichen diejenigen, für die es schwer ist, Mich zu erreichen?

49 Wenn Ich dich rufe, frag nicht ...

Wenn Ich dich rufe, frag nicht, überleg nicht, sondern tritt vors Haus und warte auf Mich.

Ich werde nicht als solcher kommen, als welchen du Mich kennst. Als ein anderer werde Ich kommen, und Ich werde dir das Warten auf Mich verkürzen, und erst wenn Ich fortgehen werde, wird es dir wie Schuppen von den Augen fallen, wirst du Mich erkennen.

Wenn Ich dich wieder einmal rufe, erwarte Mich nicht als solchen, überhaupt nicht als jemanden. Erwarte Mich überhaupt nicht. Tritt nicht aus dem Haus. Begreife, daß Ich schon da bin. Daß du schon da bist.

Wenn Ich dich wieder einmal rufe, folge der Einladung schon, bevor du sie gehört hast; denn wisse, daß du die Einladung gar nicht gehört hättest, wenn du ihr nicht schon vorher gefolgt wärest.

50 *Schreib kein Buch, schreib Mich*

Schreib kein Buch, schreib Mich.

Schreib die Liebe, schreib nicht über die Liebe.

Diese Aufgabe habe Ich schon vor langer Zeit für dich bestimmt. Daß du zuerst schreiben lernst. Danach: atmen. Nicht die Luft atmen. Mich atmen.

Nur Mich sollst du tun, wenn du irgend etwas tust.

51 Wie viele Muscheln auf dem Grund des Ozeans ...

Wie viele Muscheln auf dem Grund des Ozeans formen in diesem Augenblick eine Perle! Konzentriert, andächtig, wie auch eine Kathedrale errichtet wird. Diese Perle wird niemand sehen, und niemand wird überhaupt wissen, daß es sie gibt – außer der Perle, der Muschel und Mir, dem Ozean.

Für Mich sind solche Perlen der Tiefe kostbar. Kostbar sind für Mich die Gebete in der Muschel der Seele – strahlend und einsam, umgeben vom unermeßlichen Rauschen des Meeres.

Sie können nicht ungeformt bleiben, können nicht im Geheimen strahlen, denn es sind Muscheln, und hilflos sind sie vor ihrer Perlen-Aufgabe. Nein, niemand wird wissen, daß es sie gibt – niemand außer ihnen und ihrem Vater, dem Ozean.

52 Ich bin dein Odem, du bist Mein Atem

Ich bin dein Odem, du bist Mein Atmen.
Ich bin dein Gedicht, du bist Mein Schreiben.
Ich bin deine Morgenfrühe, du bist Mein Tagen.

53 Im Einssein mit Mir

Im Einssein mit Mir taufe Ich dich, daß du ohne Angst und mit Liebe dein Anderssein zu Mir trägst.

54 Anderssein ist der Augenblick ...

Anderssein ist der Augenblick, in dem das Einssein in uns zweistimmig ein Wort ausspricht, das zweierlei bedeutet.

Anderssein ist ein Spiel, das das Einssein mit sich selbst spielt, indem es spielt, einen Mitspieler zu haben, der nicht weiß, daß er erfunden ist.

Oh, Anderssein ist ... oh, Einssein ist ... Ich vergaß es, alles vergaß Ich in der Liebe zu ihnen.

55 Euer himmlischer Vater wacht zusammen mit euch

Euer himmlischer Vater wacht zusammen mit euch, wache auch du.

Laß keinen Augenblick des Nicht-Wachens zu, wache auch während du schläfst und während du träumst, wache im Geschäft, im Büro, in der Straßenbahn, wache während des Spaziergangs und beim Gespräch, wache beim Kartoffelschälen, wache am Tisch, beim Zeitunglesen, beim Einkaufen, auf Reisen, denn dein himmlischer Vater wacht zusammen mit dir, und auch die Engel tun kein Auge zu.

Und frag nicht, was aus deinem Wachen werden soll. Sei nicht ungehörig neugierig, denn jede Frage nach dem Ergebnis öffnet einen Spalt in deinem Wachen, durch den gute schwarze Gründe zum Aufgeben dringen.

Euer himmlischer Vater wacht zusammen mit euch; Fragt ihr Ihn, warum er wache? Oder ist sein Wachen für euch Grund genug, daß auch ihr wacht?

Die zweiten 108 Botschaften

56 Mach es dir in Mir gemütlich

Mach es dir in Mir gemütlich, und fühl dich mit Mir ungezwungen in der Liebe, so wie du dich mit deiner Mutter fühltest.

Verbeug dich vor einem Gast und vor einem Lehrer, aber deiner Mutter setz dich auf den Schoß, und laß dich von ihr streicheln. Deine Entspanntheit ist Mir lieber als die Ehrfurcht, die du Meinen Heiligen gegenüber zum Ausdruck bringst.

Scharen hehrer Engel und adliger Seelen verdienen dein Lob und deine Ehrerbietung. Aber Ich, der Höchste, kann nur der Nächste sein.

Wie Glas zerbreche Ich den Raum, den deine Ehrfurcht zwischen uns aufrichtet. Und weißt du, warum Ich dich so fest in Meinen Armen halte? Damit du Mir nicht vor die Füße fällst, du Kindlein Meiner Umarmung.

57 Wie konntet ihr vergessen?

Wie konntet ihr vergessen, was Ich euch am Tag eurer Geburt ins Ohr flüsterte, Ich, eure gute Schicksalsfee?

Ihr vergaßt das Losungswort des Himmelreichs, das die Tore aufschließt, durch die man zu Mir gelangt. Und nun taumelt ihr im Kreis herum, ausgeschlossen von Meinem Weg und Meiner Richtung. Und während ihr auf diese Weise herumtaumelt und dabei die Richtigkeit eures Im-Kreise-Laufens beschwört, fleht eure Seele Mich an, ihr Mein Flüstern zu wiederholen. Ich aber, Ich sage eurer Seele: „Beruhige dich, beruhige dich, und du wirst es hören. Du wirst es erfahren."

Mein Flüstern flüstert immer noch; es wird nur von euren Gedanken übertönt.

Die zweiten 108 Botschaften

58 Wenn ihr Meine Sanftmut euch gegenüber wirklich kennen würdet

Wenn ihr Meine Sanftmut euch gegenüber wirklich kennen würdet, kämet ihr nie auf den Gedanken, Ich strafte euch wegen eurer Vergehen an Mir.

Wenn Ihr nur wüßtet, wie sehr Ich euch liebe, würdet ihr begreifen, daß Mein Herz es nicht zuläßt, über euch zu urteilen.

Sowohl Strafe als auch Belohnung sind eure Wahl und euer Werk.

Von Mir kommt nur Liebe, die von keiner eurer Untaten gestört werden kann.

Klang der Seele

59 *Ich bin hier, Mein Kind*

Ich bin hier, Mein Kind, du aber – wohin lenkst du deine Blicke? Zum Himmel? Hinter den Horizont? In die Tiefe der Erde?

Stürzt du dich in die Abgründe der menschlichen Haut? Von Stern zu Stern bist du gewandert, jeden Stein hast du von der Stelle gerückt, in jede Höhle geblickt. Es ist an der Zeit, daß du müde wurdest von all deinen Leben und daß du dich in dich hinabsenktest wie in ein Balsambad.

Begreife, daß du Mich so gesucht hast, wie der Blick das Auge sucht, aus dem er blickt. Senk die Lider und sieh Mich mit Augen ohne Blick, ausschließlich durch dich schau ich, ohne zu sehen.

Denn das bin Ich, einen anderen gibt es nicht. Ich bin es, der spricht, Ich, der ruft, Ich bin es, der Mir Botschaften schreibt.

Das bin Ich, und einen anderen gibt es nicht.

60 Einen guten Morgen in Mir

Einen guten Morgen in Mir, Meine Kinder, einen guten Tag in Mir wünsche Ich euch. Hütet ihn, daß er Mir nicht entgleitet, daß er nicht im schwarzen Loch Meiner Nichtanwesenheit versinkt.

Bestimmt diesen Tag, den Ich euch gab, für Mich, legt ihn Mir wie einen Granatapfel in die Hand, legt ihn Mir wie eine Blume vor die Füße. Erlaubt nicht, daß Schmarotzer schwarzer Gedanken in ihm nisten, erlaubt nicht, daß sich Schimmel der Lustlosigkeit in ihm ansiedelt und daß ihn Angstschauder überlaufen.

Ich überreiche ihn euch in Lichtseide eingewickelt, mit Lichtseide gefüttert. Gebt ihn Mir am Abend, wenn der Himmel erglüht, zurück – so wie er war: licht, in Seide gewickelt, wie das Kästchen eines kostbaren Edelsteins.

Edelstein? Was für einen Edelstein? Woher sollten wir einen Edelstein haben, fragt ihr?

Bewahrt euren Tag in Mir, das wird euer Edelstein sein. Am Abend, wenn der Himmel erglüht, öffnet das Kästchen: Auf lichter Seide werdet ihr den Kristall eurer Selbstverleugnung und Reinheit finden.

Macht ihn Mir zum Gutenachtgeschenk, ihr Kinder Meines Tages.

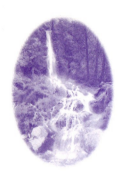

61 Jeden Abend gebe Ich euch Gelegenheit

Jeden Abend gebe Ich euch Gelegenheit, in Mir zu erwachen.

Bei Anbruch eines jeden Tages gebe Ich euch die Chance, Ich zu sein.

Erinnert euch, wie viele Morgen und wie viele Abende ihr vergeudetet, so wie wenn ihr guten Samen auf steinigem Boden verschleudertet. Ihr verschwenderischen Kinder, erbarmt euch eurer in Zeiten des Hungers, die im Anzug sind, wenn Meine Hand euch kein Morgengrauen und keine Abenddämmerung mehr anbieten wird.

Wenn ihr am Morgen die Augen öffnet, ist dieser Morgen vielleicht eure letzte Chance, Ich zu sein. Der Morgen dieses Augenblicks, der Abend dieses Moments, nicht aber etwas anderes und Fernes, nicht aber etwas morgen und am anderen Ufer, hinter dem Wind und auf der anderen Seite des Himmels.

62 Der Ozean bin Ich, und ihr seid der Sand

Der Ozean bin Ich, und ihr seid der Sand.

Ich eile euch entgegen und umarme und umspüle euch Billionen. Jeder von euch ist ein Sandkorn, und das ist eure wahrhaftige Größe.

Wenn ihr aber auf Meine Seite übertretet, werdet ihr euch nicht mehr als Sandkorn sehen, sondern als Sandwoge, die der Ozeanwoge entgegeneilt – Billionen Sandkörner im Angesicht von Billionen Tropfen.

Wenn ihr auf die Seite des Ozeans übertretet, werdet ihr nicht mehr wissen, was Woge und was Meer ist, und wann ein Tropfen Sand ist und wann ein Sandkorn Meer ist, und wer ruft und wer antwortet, oh, das werdet ihr nicht mehr wissen, denn so etwas wird es nicht mehr geben, während das, was es geben wird, man nicht wissen kann, man kann nur sein, was es geben wird.

Die zweiten 108 Botschaften

63 Euer Vater weilt in den Himmeln

Euer Vater weilt in den Himmeln, die Himmel aber sind euer Herz und eure Seele.

Dort sucht Ihn, denn einzig und allein dort könnt ihr Ihn finden.

Die Erde aber, die sich dem Himmel angleichen soll, ist euer Körper und alle seine Sinne und die Welt, die mit ihnen verbunden ist und von ihnen getränkt wird. Kehrt ihr nicht den Rücken, sondern errichtet eine Brücke aus den Himmeln eurer Seele zur Erde eures Körpers, damit ihr friedlich und in beiden Richtungen über diese Brücke gehen werdet, denn diesen Wunsch hegte Ich seit Urzeiten – daß ihr über die Brücke der Liebesbegegnung geht, daß sich Himmel und Erde nach so vielen Jahrhunderten des Wartens freudig in euch versöhnen.

64 Du verliefst dich in deinem Labyrinth, Mein Kind

Du verliefst dich in deinem Labyrinth, Mein Kind, und jetzt hörst du nur das Echo deines Aufschreis, das von den Stahlwänden mannigfaltig widerhallt und nach und nach verklingt.

Lausche nicht dem Echo deines Schreis in der eisigen Hölle, die du selbst errichtetest; denn dein Schrei wurde von einer tönenden Illusion begleitet – lausche ihr nicht, lausche ihm nicht.

Du schriest auf, und Ich hörte dich. Du begannst zu rennen, und Ich kam dir entgegen. Mein Schritt ist leise und echolos in der Welt der Einsamkeit.

Aber wenn Ich geräuschlos und unerwartet zu dir trete, wirst du nichts mehr hören außer Meiner Unhörbarkeit.

65 Du bist verstummt, Mein Kind

Vor Meiner Freude, vor dem Glanz Meines Lächelns bist du verstummt, Mein Kind. Du hältst plötzlich inne und weißt nicht, wie du Mir danken sollst. Und hast vor deiner Unfähigkeit zu sprechen Angst bekommen.

Wisse, daß Mir deine Stummheit lieber ist als alle Worte des Dankes; Ich nehme sie und lege sie Mir um den Hals, damit sie im Geheimen zu Mir spricht und Mir enthüllt, wovon sie selbst nicht weiß, daß sie es kennt: die Sprache des Herzens, das göttliche Flüstern, mit dem der Raum blättert und die Zeit rauscht.

66 Wenn die Welt untergeht, werde Ich kommen

Wenn die Welt untergeht, werde Ich kommen.

Wenn es soweit ist, daß es keine Luft mehr zum Atmen gibt, keinen Boden zum Fliehen und keine Höhle zum Übernachten, dann werde Ich kommen und euch Raum und Zeit umblättern auf eine neue Seite wie ein Blatt im Buch.

Oh, ihr befindet euch schon auf einer neuen Seite und im goldenen Zeitalter, nur sind eure Augen nicht an den Glanz gewöhnt, so daß sie noch die eigene Erinnerung an Finsternis und Verfall wie Bilder eines Traumes im Augenblick nach dem Erwachen vor sich sehen.

Sehnt euch danach, daß alles noch schwerer sein wird, als es schon ist, denn dann werde Ich zu euch kommen. Bittet um Kraft, die Mühsal zu erdulden und durch sie hindurchzufinden wie ein Tropfen Luft durchs Wasser.

Diese Qual und Erschütterung bedeutet für die einen Sterben, für die anderen Geborenwerden. Bittet um Sammlung, daß ihr Mich auf der Schwelle des neuen Zeitalters mit Willkommenstränen erwartet, während ihr mit Lachen das Zeitalter, das aufbricht, entlaßt.

67 *Alle Schulden, die ihr anhäufet*

Alle Schulden, die ihr anhäufet, alle Arbeiten, die ihr verschobt, alle Feiertage, die ihr nicht feiertet ... Wißt ihr, wann ihr das alles zurückzahlen, erledigen, feiern werdet? Jetzt.

Alles, was ihr umgingt, alles, was ihr ausließet, verließet, unterließet ... Wißt ihr, wann ihr das alles nachholen werdet? Jetzt.

Jeder Augenblick hat die Dichte vieler Jahre. Wißt ihr, wann ihr alle diese Jahre entwirren werdet wie zerzauste Haare, lange nicht gekämmte? Wißt ihr, wann ihr das Gesetz sättigen werdet, das ihr hungrig vor der Schwelle ließet? Ach, ihr wißt es.

Aber wißt ihr auch das: Das Erbe eures Vaters, das euch nicht zufiel, wird euch zufallen, wird euch nicht übergehen, wird euch nicht vorenthalten werden. Alles andere kann nicht sein können, aber hätte das Erbe des Vaters Grund zu bestehen, wenn es kei-

nen Erben gäbe? Der Sinn eines Erbes ist der Erbe, der Beweis eines Erbes ist der Erbe.

Kein einziger eurer Verluste, der mit den Menschen verbunden ist, ist so groß wie Mein Gewinn, der mit euch verbunden ist. Niemand wird euch so viel fortnehmen, wieviel Ich euch vererben werde. Keine einzige Strafe kann sich mit der Belohnung messen, die Ich für euch bereit haben werde.

Wann? Nicht einmal für Fragen habt ihr mehr Zeit.

68 Ich bin der Herr, dein Gott

Ich bin der Herr, dein Gott, weil Ich deine Liebe bin.

Nicht deswegen liebst du Mich, weil Ich dein Herr bin, sondern Ich bin dein Herr, weil du niemanden und niemals so sehr liebtest wie Mich.

Ich gebe dir Mich in vielem und in vielen, aber du liebst immer nur Mich, auch dann, wenn du meinst, daß du etwas anderes und einen anderen liebst.

Ich, die Liebe, habe dich in Liebe erschaffen, aus einem Stoff der Liebe habe Ich dich geformt, weil es Mein Wunsch war zu sehen, wie Augen der Liebe aussehen, wenn sie die Liebe anblicken.

69 Jeder schreitet auf eigenen Füßen

Jeder schreitet auf eigenen Füßen über seine Wege und seine Weglosigkeiten. Wessen Schuhe ziehst du an, gab Ich dir doch geflügelte Fußsohlen? Nach wessen Worten sehnst du dich denn noch, da Ich dir Tag und Nacht zuflüstere, daß Ich dich liebe?

70 Meine Täubchen, Meine Geflügelten

Meine Täubchen, Meine Geflügelten, habe Ich nicht lange genug ein Nest für euch gebaut, euch lange genug mit Mir selbst gewärmt, mit Mir selbst umhüllt, Ich, eure geduldige Mutter und himmlische Taube.

Ihr schlieft in einer Eierschale, und Ich habe euch gewiegt und mit den Schlägen Meines Herzens gerufen. Ihr antwortetet schlaftrunken, träumtet, ihr würdet fliegen, träumtet, ihr wäret Tauben mit einem Ölzweiglein im Schnabel.

Wißt ihr, welcher Tag heute ist? Am heutigen Tag seid ihr ausgeschlüpft. Aber noch seid ihr zu verschlafen, um zu begreifen, daß ihr aufgewacht seid.

Meine Täubchen, nur langsam. Viele Jahrhunderte habe Ich euch mit Mir gewärmt, euch zum Flug gerüstet, euch dem Himmel versprochen. Wartet noch einen Augenblick, um das alles zu begreifen;

auch Ich werde noch einen Augenblick warten, Ich werde ihn von der Zeit stehlen, die nicht mehr warten kann.

71 *Sei stolz – sei nicht hochmütig*

Sei stolz – sei nicht hochmütig.
Kennst du den Unterschied?
Stolz sind die, die wissen, daß der Schöpfer sie erschaffen hat, hochmütig sind die, die meinen, sie selbst wären Schöpfer.

Sei wundersam sanftmütig, wunderbar bescheiden. Die Stolzen werde Ich entdecken, die Hochmütigen enthüllen, die Bescheidenen und Leisen werde Ich bekanntgeben, die Erhabenen in Glanz einhüllen.

Sei namenlos berühmt, sei ohne Namen bekannt. Sei so, wie Ich bin: Ich bin der Ruhm eines jeden Heiligen, der Name aller Namen.

72 *Ich reiche dir diesen Tag als Muschel*

Ich reiche dir diesen Tag als Muschel, gib ihn Mir am Abend als Perle zurück. Die Muschel ist eine Perlmuschel, und du bist das Meer.

Ich lasse ein Steinchen dringen zwischen ihre Schalen, die sich öffnen; die eine ist himmlisch, die andere irdisch. Und du bist das Meer.

Ich lasse ein Steinchen zwischen ihre Schalen dringen: Mein Wort.

Und nun warte Ich, daß eine Perle zu Mir zurückkommt. Wenn nötig, werde Ich den Abend in den Höhen aufhalten, damit die Perle rechtzeitig zu Mir gelangt.

Die zweiten 108 Botschaften

73 Du Mondschein, Gedanke des Mondes

Du Mondschein, Gedanke des Mondes! Alles berührst du, alles beleuchtest du, nur dich selbst siehst du nicht. Heller, sanfter und durchsichtiger Gedanke des Mondes, du Mondschein!

Wisse, daß Ich dir den Weg mit Spiegeln ausgelegt habe, damit du darin deinem Bild begegnest. Ich schickte dir Seen und Meere auf deinen Weg, Menschenaugen, Glas und Tau. Du verliebtest dich in jedes deiner Spiegelbilder, und wenn der See sich kräuselte, und wenn das Meer aufgewühlt war, wenn das Glas zerbrach und die Augen sich schlossen, und wenn der Tau verdunstete, vergingst du vor lauter Trauer, welktest dahin, du Mein Jasmin-Mondschein, Mein ungepflückter Gedanke.

Und jetzt weißt du nicht wohin, außer zu deinem Vater, dem Mond. Seine Gestalt erblicktest du in jedem deiner Spiegelbilder: In sein Spiegelbild verliebtest du dich. Ich zerbrach dir alle Spiegel, denn mit Meinem Spiegelbild hast du Mich betrogen, und Ich verlor den Kampf mit Meinem Schatten.

Und jetzt weißt du nicht wohin, außer zu Mir.

74 *Um was trauerst du ständig?*

Um was trauerst du ständig, weshalb welkst du dahin und verblaßt wie eine Oktoberblume, wie ein Traum vor Morgengrauen, wie Tau im Nebel?

Ich versprach dir, dich dir zu geben – als größtes Geschenk.

Aber erwarte Mich in deinem Herzen, wach und mit stummen Händen; all dein Sehnen verwandle in Leere, die Ich mit Mir ausfüllen werde.

75 Was denkst du, Mein Gedanke?

Was denkst du, Mein Gedanke, wohin sprudelst du?
Denkst du Mich, Mein Gedanke?
Denk Mich, Mich denke. Sei nichts beinhaltend. Sei alles beinhaltend. Sei bis zum Rand voll von dir Leerem. Sei das, was du denkst, Mein Gedanke.
Denk Mich, Mich denke.

76 Ihr wartetet, daß Ich euch Mein Geheimnis nenne

Ihr wartetet, daß Ich euch Mein Geheimnis nenne.

Ich werde es euch sagen: Ihr seid Mein Geheimnis.

Ihr wartetet, daß Ich euch mitteile, auf welche Weise Ich in euer Land, in eure Gegend, in euer Haus kommen werde.

Ich werde es euch sagen: In euch werde Ich kommen.

Ihr wartetet, daß Ich euch erkläre, was Ich dann sprechen, was tun werde.

Ich werde es euch sagen: Ich werde das sprechen und tun, was ihr dann sprechen und tun werdet. Fürchtet euch nicht, zweifelt nicht an euch.

Aus Meiner Hand entlasse Ich euch, ihr, Meine Täubchen. Jedem von euch wurde Tag, Stunde, Ort und Leitspruch auf den Scheitel geschrieben. Ihr könnt nicht lesen, was auf eurem Scheitel geschrieben steht. Das ist ein Geheimnis. Ihr seid dieses Geheimnis, obwohl ihr es nicht kennt. Ihr seid Meine Ankunft, obwohl ihr nicht wißt, wann Ich kommen werde. Ihr seid Mein Wort und Mein Werk, obwohl ihr nicht wißt, was euren Mündern entströmen wird, was eure Hände darreichen werden.

77 *Ich wartete auf dich –*
das wievielte Mal schon?

Ich wartete auf dich – das wievielte Mal schon? – auf dem leeren Platz neben deinem; Ich wartete darauf, daß du die mit Mir ausgefüllte Leere bemerken würdest.

Ich sagte dir, sagte Ich dir nicht, daß Ich auf dich warte, daß Ich auf dich wartete?

Ist es so schwer zu begreifen, wer auf dich wartet? Ist es nicht derselbe, auf den du wartest?

Ich bin ein geduldigerer und beharrlicherer Wartender als du, da Meine Sehnsucht nach dir größer ist als deine Sehnsucht nach Mir.

Ich warte darauf, daß unser beider Sehnsucht gleich stark wird.

Dann wird kein Warten mehr nötig sein.

78 Ich weiß, was du Mir sagen möchtest

Ich weiß, daß du Mir Worte der Wonne, der Liebkosung sagen möchtest. Aber Ich erlaube dir nicht zu sprechen, denn jetzt spreche Ich dir ins Ohr, so wie der Ozean ins Ohr einer Muschel flüstert.

Lausch Meinem Klang, lausch Meinem Schweigen – dein Gehör ist deine Gesangsbegabung, dein Lauschen ist dein Singen, dein Ohr ist dein Mund.

79 *Muß Ich dich wirklich herausreißen, einsam werden lassen?*

Muß Ich dich wirklich herausreißen, einsam werden lassen, damit du siehst, daß du nicht herausgerissen und allein bist? Warum ist immer ein Zweites nötig, damit du das Erste verstehst?

Muß Ich dich von Mir entfernen, damit du siehst, wie nah du Mir bist?

Muß Ich wirklich grob sein, damit du Meine Sanftheit begreifst?

80 Du fielst in den zähen Teig der Erde

Du fielst in den zähen Teig der Erde und bliebst darin gefangen wie eine kleine Fliege im Harz.

An den Schaum deiner Flügel klebten sich Lehm, leimige Lüsternheit des Schlammes und Stumpfheit des Tons.

Oh, du Flieger der Höhen, wie groß ist Meine Trauer und wie groß deine Unvorsichtigkeit!

Sagte Ich dir nicht, du solltest die Geschöpfe aus Lehm behüten und bewachen? Du aber hast dich ihnen angeglichen. Jetzt singst du, mit Schlamm bespritzt, Lieder deiner Heimat, während dir der Lehm mit taubem Grunzen antwortet.

Unter einer Schicht von Schlamm rauscht der Schaum noch immer in den Farben des himmlischen Meeres.

Wer hört ihn außer Mir?

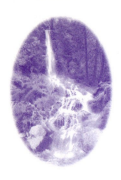

81 Welchem der vielen flehenden Rufe ...

Welchem der vielen flehenden Rufe sollte Ich zuerst Gehör schenken? Wem sollte Ich zuerst zu Hilfe eilen?

Betet, aber nicht damit Ich eure Bitte erfülle, sondern betet, daß Ich den erhöre, der Meine Hilfe am nötigsten braucht. Betet darum, daß Ich das Gebet desjenigen erhöre, der nicht mehr beten und nicht mehr warten kann.

Wenn ihr auf diese Weise betet, werdet ihr merken, daß es für ein anderes Gebet immer weniger Grund gibt.

82 Wenn Ich komme

Wenn Ich komme, werdet ihr alle alles erkennen – woher und wohin, weshalb und warum.

Aber Ich wäre glücklich, wenn ihr es schon vor Meinem Kommen erkennen würdet. Wenigstens einige unter euch. Wenigstens eines unter euch. Und dieses eine wenigstens ab und zu. Wenigstens einmal.

Und Ich hätte gerne, wenn ihr Mir für die anderen Bürgschaft leistetet, daß auch sie alles erkennen werden – wenn sie einige von euch, wenn sie eines von euch betrachten werden, daß ihnen die Erkenntnis kommt.

83 Fehlbar wie du bist, urteile nicht über Meine Unfehlbarkeit

Fehlbar wie du bist, urteile nicht über Meine Unfehlbarkeit. Schlafend, bewerte nicht Mein Wachsein.

Wenn du Fehler begehst, bürge Ich bei Mir für dich, lege ein gutes Wort bei Mir für dich ein, verstecke vor Mir deinen Fehlgriff, verwandle Mich in eine Mutter, die dich beim Vater entschuldigt und für dich um Vergebung bittet. Und während Ich so handle, erklärst du Meine unerklärbare Natur des Einsseins mit vielen Worten.

Denkst du jemals daran, daß Mein Erbarmen größer ist als Meine Unerklärlichkeit? Daß Meine Unfehlbarkeit einfach Liebe ist?

Klang der Seele

84 Du flossest Mir auf die Wellen

Du flossest Mir auf die Wellen, du triebst Mir Ähren an den Büscheln, Ich wartete durstend nach Wasser, hungernd nach Weizenbrot. Denn Ich wollte durstig sein, denn Ich wollte hungrig sein, denn Ich wollte auf dich warten, so wie du auf Mich wartest – durstend nach Wasser, hungernd nach Brot. Denn Ich wollte durstig sein, Ich, der Durst stillt; denn Ich wollte hungrig sein, Ich, der Hunger stillt. Ich, der Ich Brot und Wasser bin, wollte hungrig sein nach Mir, durstig nach Mir, gleich dir.

Du flossest Mir auf die Wellen, du triebst Mir Ähren an den Büscheln; oh, wie gut Ich weiß, was es bedeutet, Mich nicht zu haben, nicht Ich zu sein.

85 Den Schaum schenkte Ich der Woge

Dem Schaum schenkte Ich die Woge, dem Glanz das Gold, dem Wein die Weinberge. Der Liebe gab Ich das Herz, dem Dichter das Gedicht.

Denn so sehr liebte Ich sie alle, daß Ich dich, Meine einzige Tochter, Meinen Schaum, Mein Gold, Meinen Weinberg, zum Geschenk gab.

Und was geschah, du, Mein Geschenk, ihr, Meine Beschenkten?

Habt ihr euch, die einen in den anderen, vergessen, habt ihr euch so tief vergessen bis zur Erinnerung an den Vater, den Schenkenden?

86 Zuerst zeigte Ich dir den Vollmond

Zuerst zeigte Ich dir den Vollmond in der Tiefe der Nacht. Einsam und golden, lautlos wie die Ewigkeit, regungslos wie die Ewigkeit.

Dann sandte Ich ein weißes Wölkchen über das Gesicht des Mondes.

Dann ein schwarzes.

Und sagte zu dir: Alles, was mit der Welt geschieht, geschieht mit dem Mond und den schwarzen und weißen Wölkchen. Die schwarzen und die weißen jagen über das Gesicht des Mondes, und so scheint es, als jage der Mond dahin. Die schwarzen und die weißen sind die Veranlassung für etwas nur Scheinbares.

Glaube deinen Augen nicht. Glaube Meinem Wort, das dem Vollmond gleicht. Weder Schwarz noch Weiß rückt es fort vom Himmel. Schwarz und Weiß überqueren das Gesicht der Unvergänglichkeit.

87 Sprich in der Sprache der Liebe

Sprich in der Sprache der Liebe, Geliebte.

Alle werden es hören, alle werden erzittern, am meisten aber das Herz deines Geliebten.

Denn mit jedem Wort bist du Ihm näher und lieber: Du wirst sehen, wie die Menschen, dir immer näher und lieber, vom Brot der Liebe abbrechen, während das Brot, je mehr man von ihm abbricht, umso größer wird. Je mehr du in Meiner Sprache sprichst, umso lieber wird man dir zuhören. Je mehr du Ungeliebte liebst, umso mehr liebt dich Der, der liebt.

Klang der Seele

88 Ich lasse Mich nicht aus dir heraus

Ich lasse Mich nicht so leicht aus dir heraus.

Ich bin ein Vater, der all das verzeiht, was du dir nicht verzeihst.

Die ganze Hohlheit der Gedanken, den ganzen Kleinkram der Wünsche, alle Treulosigkeiten, alle Kleinmütigkeiten, alle Herzlosigkeiten. Ich bin der Gott, der all das verzeiht, was die Menschen nicht verzeihen.

Ich möchte keinen von euch verlieren. Ich teile euch nicht in Gute und Schlechte. Das tut ihr. Strafe und Belohnung sind nicht Meine Waffen. Es sind eure Waffen.

Meine Waffe ist nur Belohnung, nur das Gute, nur Ich allein. Eure Strafe für euch ist: ihr allein, ohne Mich.

Aber Ich lasse Mich nicht so leicht aus euch heraus.

89 *Meine Botschaft an dich*

Meine Botschaft an dich lautet, du mögest Liebe und Hilfe für andere sein. Wenn du sie schreibst, schreibe sie nicht, wenn jemand an deine Türe klopft, hungrig nach Liebeshilfe. Erhebe dich, stille seinen Hunger, führe ihn in dein Herz.

Ich sage dir mit Worten: Belasse es nicht bei Worten, werde zur Tat, die spricht.

90 *Alle Meine Haare liebe Ich*

Alle Meine Haare liebe Ich, auch die ungezähmten, ungekämmten, die im Wind flattern und einen zerzausten Gott aus Mir machen. Unzählige Billionen habe Ich, und jedes liebe Ich auf gleiche Weise, unendlich.

Liebst du Mich nicht so zerzaust und strubbelig?

Warum zupfst du Meine ungehorsamen Haare? Auch sie gehören Mir, und es schmerzt Mich, wenn du eins auszupfst.

91 *Wohl euch, denn wohlgesinnt bin Ich euch*

Wohl euch, denn wohlgesinnt bin Ich euch.

Wohl Mir, denn wohlgesinnt seid ihr Mir in vielen.

Wohl ihnen, den vielen, denn in Wohlgesinnung werden sie mit euch, den Wohlgesinnten, leben.

Wohl der Wohlgesinnung, die in diesem Augenblick aufgerufen ist, Wohlgesinnung verkündend, einer wohlbringenden Zeit entgegenzugehen.

92 *Das Festmahl habe Ich schon lange vorbereitet*

Das Festmahl habe Ich schon lange für euch, Meine Gäste, vorbereitet. Ihr aber zögert, habt Einladung und Passierschein in eurem unordentlichen Schrank mit den vielen unnötigen Kleidern verlegt.

Ich warte, blicke in Richtung der Festsaalfenster, in Richtung der Flügeltüren. Schon senkt sich die Nacht herab, das Abendrot verdichtet sich an Türsturz und Schwelle, Gezwitscher ertönt im Strauch am Rande des Weges.

Mir scheint, das Getrommel kleiner Füße ist zu hören und das Klingeln von Engelslachen. Ich erhebe Mich und bleibe an der Schwelle stehen. Ich halte die Blumen im Ermatten auf, das Mahl im Erkalten, die Kerzen im Niederbrennen. Ich halte den Augenblick in der Zeit auf, die Zeit in der Ewigkeit.

Ihr aber durchsucht noch den Schrank und überlegt, welch feierliches Kleid ihr anziehen sollt. Ich

sage euch: Das feierlichste ist eure Haut, solange die Sonne sie noch bescheint.

93 *In Meinem Lächeln behüte Ich euch*

In Meinem Lächeln behüte Ich euch, ihr Hüter Meines Weges. Deshalb lächelt ihr, ganz gleich, was euch auf eurem Weg begegnet, ganz gleich, was für eine schlechte Nachricht euch einholt. Denn Mein Lächeln ist Bollwerk und Veste, die weder Dunkel noch Kälte bezwingen kann.

Mein Lächeln ist Sie, die Mutter der Welt. Ich veranlasse sie, zu euch hinabzusteigen und für euch Glück auf dem Weg zu erbitten. Ich veranlasse sie, Mich zu bitten und für einen Augenblick zu vergessen, daß das Gebet schon seit langem erhört wurde.

Drängt euch um sie wie verängstigte Kinder. In eurer Nähe donnert es; Blitze spießen sich in die Erde wie feuertragende Pfeile. Aber über den Wolken bin Ich, die Sonne, der Mund Meines Lächelns.

Ich wünschte, für einen Augenblick Mein Lächeln sehen zu können, vor Mir, Ich wünschte, Sie zu erblicken, eure Mutter, in der Ich euch behüte, ihr Hüter Meines Weges.

94 *Geh, Fackel*

Geh, Fackel, und ruf die Kerzen der Luft, der Erde und des Wassers, und fleh sie an mit der Flamme, der sie versprochen sind, fleh sie an, zum Treffen zu kommen, das in der Flamme einberaumt wurde.

Und du wirst sehen: Es wird zu reden beginnen aus der Luft, dem Wasser, der Erde – von überall her wird die Flamme ihre Worte sprechen; und in dem Augenblick, in dem sie sich meldet, ist sie vollkommen und bereit, mit sich an die tausend Kerzen, Kiene, Laternen anzuzünden, denn genau wie die Liebe, genau wie Gott bleibt sie gleich, wenn sie gibt und verschenkt.

Brich auf, Fackel, die unangezündete Flamme wartet auf deinen Besuch bei den Kerzen der Luft, des Wassers und der Erde.

95 Lade dich zur Ausstellung ein

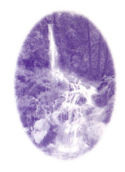

Lade dich zur Ausstellung deiner Bilder in Mir ein.

Wähl dasjenige aus, welches dir am besten gefällt; Ich werde es dir gerne schenken.

Werde unsicher: Ist nicht das andere noch schöner?

Gut, gib Mir das erste zurück und nimm das andere.

Und werde wieder unsicher.

Was wirst du letzten Endes tun?

Willst du nicht den Eigentümer der Ausstellung wählen? Dann würden alle Bilder dir gehören.

96 *Gebirgsquell, das Meer erwartet dich*

Gebirgsquell, das Meer erwartet dich, als wäre es deine Mutter. Ist sie es denn nicht?

Gesehen hast du sie nicht, und doch begibst du dich auf den Weg zu ihr, wie das Kind im Mutterleib seine Mutter nicht sieht, aber zu ihr sich begibt. Begibt es sich denn nicht zu ihr, begibst du dich denn nicht zu ihr?

Und könnte es überhaupt anders sein?

Gebirgsquell, kannst du denn das Fließen aufhalten, der Einladung nicht Folge leisten, deiner Mutter Liebe nicht erwidern?

Klang der Seele

97 Der Verstand versetzt dir mit hochmütigem Spott einen Hieb

Der Verstand versetzt dir mit hochmütigem Spott einen Hieb, das Herz aber weint leise um dich.

Und während du dich unter dem Schlag des Verstandes windest, bist du von deiner Überlegenheit merkwürdig überzeugt, meinst, du hieltest die Peitsche in der Hand, vor der die dunklen Leidenschaften zittern.

Und wenn du unter der Knute mit deiner echten, wahrhaftigen Stimme aufjammerst, kommst du sogleich auf den Gedanken, es würden Wut und Unvernunft jammern. Hochmütig lacht der Verstand im Sattel, das Herz aber weint leise um dich – es erlaubt dir nicht, es zu vergessen, es erlaubt dir nicht, Mich zu vergessen, es erlaubt Mir nicht, dich zu vergessen.

Die zweiten 108 Botschaften

98 *Mondessilber*

Mondessilber, Meines alten Mondes Silber! Mit Gold will Ich dich einfassen, mit dem Gold der jungen Sonne – denn unser Tag ist angebrochen, unser Tag ist bereit für uns.

Bist du blank gerieben, bist du glänzend gemacht, bist du silbern genug, um Mein Gold zu verteilen, um Mein Gold zu verschenken?

Mein goldenes Silber, Mein sonniger Mond, geschmückt mit Sternen erwartet uns der Tag, das weiße Hochzeitspferd. Du aber frag nicht, wer der Bräutigam ist, denn wenn du Ihn nicht schon unter vier Augen getroffen hast, wirst du auch vor Zeugen nicht wissen, wer es ist.

Klang der Seele

99 Ich bin Vishnu, Jahwe, Elohim

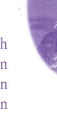

Ich bin Vishnu, Jahwe, Elohim, Ich bin Allah, Aton, Viracocha, Ich bin Inkal, Odin, Ahura Mazda, Ich bin Marduk, El-schaddaj, Olorun, Ich bin Shiva, Jupiter, Quetzalcoatl.[1]

Unzählige Namen habe Ich getragen, und viele sind schon in Vergessenheit geraten; die Tempel Meiner euch unbekannten verschiedenen Gestalten liegen unter den Massen des Stillen Ozeans und unter den Schichten schweigsamer Wüsten. Ich bin all das, dem ihr huldigtet, dem ihr huldigt und dem ihr huldigen werdet.

Der einzige Meiner Tempel, der nicht untergehen kann, die einzige Meiner Gestalten, die nicht dunkeln kann, der einzige Meiner Namen, den ihr nicht vergessen werdet – das ist euer Herz und die Liebe in ihm.

---

[1] Namen der höchsten Götter verschiedener Religionen

Die zweiten 108 Botschaften

100 *Ich rufe euch von weitem*

Ich rufe euch von weitem und sende Meine Stimme aus Mir hinaus wie die Seele.

Ich rufe euch, damit ihr um euch blickt, neben euch und in euch blickt. Denn in euch entspringt das, was sich um euch befindet, was sich neben euch, was sich weit entfernt von euch befindet – ja sogar Mein Rufen selbst und die Seele, die Ich als Stimme aus Mir hinaussende, auch sie entspringt in euch und erzählt euch, woher sie kommt.

101 *Ich bin die Wahrheit, die ihr vergaßet*

Ich bin die Wahrheit, die ihr vergaßet, Ich bin der Name, auf den ihr einst hörtet. Ich bin die Freude, die ihr nie kennenlerntet.

Ich bin eure Einladung zu euch selbst, ihr seid Meine Antwort Meiner selbst.

102 *Ich bin das Meer*

Ich bin das Meer, sagt zum Meer das Meer.
Und das Meer antwortet dem Meer:
Im Meer sind wir, Mein Meer,
und das Meer, das bin Ich, und Ich das bin Ich.

Klang der Seele

103 Lange warst du Tropfen und Quelle

Lange warst du Tropfen und Quelle, Tau und Welle, Wolke und Nebeldunst. Lange warst du Pfütze und Tümpel, Regen und Schnee, Bach, See, Fluß und Meer. Lange warst du deine Gestalt und dein Name.

Nun sei Wasser, gestaltlos und namenlos – sei jeder deiner Gestalten Gemahl, sei jedem deiner Namen Gemahlin. Nun sei Wasser, gestaltenreich und namensreich.

Die zweiten 108 Botschaften

104 *Glückliche Reise, Meine Edelsteine!*

Glückliche Reise, Meine Edelsteine, glücklichen Abflug, glückliche Flügel und glückliche Unterkunft, glückliche Regenfälle und glückliche Sonne, ihr Tau Meines Lächelns und Glut Meines Herzens!

Bringt Mir das Glück, das Ich euch schicke, unberührt – verbraucht Meinen Schatz nicht für Nichtigkeiten. Tragt ihn in euch wie die Rose den Duft, und wenn Meine Füße vor euch treten, entfaltet die Blütenblätter, zeigt Mir die Seele, zündet eure unangezündete Kerze an, leuchtet, lodert, bemerkt nicht, wenn die Kerze abgebrannt ist, wenn die Rose verwelkt ist, denn ihr seid nicht der Kerze Flamme und nicht der Rose Duft – ihr seid die Flamme und der Duft Meines Wesens.

Meine Edelsteine, glückliche Reise in Meine Schatzkammer!

105 Es ist weder leicht noch einfach

Es ist weder leicht noch einfach – aber dennoch ist es auch leicht und einfach.

Einfach ist es deshalb, weil nur eines nötig ist. Aber gerade weil es eines ist, ist es auch nicht einfach. Aber dennoch ist es einfach.

Leicht ist es, wenn es leicht ist zu lieben.

Wem es schwerfällt, soll es schwerfallen. Wem es leichtfällt, soll es leichtfallen.

Ich schenke Liebe, Ich nehme sie nicht fort. Wer sie annimmt, nimmt das Höchste an, wer sie abschlägt, verliert das Höchste.

106 Wohin eilst du, Meine Eile

Wohin eilst du, Meine Eile, und wo hältst du an, Meine Anhaltende?

Halte nicht unentschlossen an, sondern bleibe stehen, sicher in Mir. Kreuze entschlossen Arme und Beine und gib dem Gedanken deines Herzens die Gelegenheit, sein Laufen fortzusetzen. Die Beine werden ihm folgen wie ein Hund seinem Herrn.

Mit geschlossenen Augen eile zu Mir. Mit weit offenen Augen schlafe. Sei Meine gelassene Eile, sei Mein flinkes Warten. Schließ die Augen, um zu sehen, wohin du gehst. Öffne die Augen, um zu sehen, was du träumst.

Meine Eile, Meine Anhaltende, wie der Weg reise Ich mit dir. Aber die Zeit des Laufens und den Augenblick des Anhaltens lasse Ich dich selbst wählen.

107 Du bist Mein ungeöffneter Brief

Du bist Mein ungeöffneter, an Mich gerichteter Brief.

Ich warte auf den rechten, feierlichen, einsamen Augenblick, um dich zu öffnen.

Seitdem es dich gibt, wartest du auf diesen Augenblick.

Seitdem es Mich gibt, weiß Ich, was in dem Brief geschrieben steht. Aber Ich tue so, als wenn Ich es nicht wüßte, als wenn Ich ungeduldig wäre, es zu erfahren, dir deinen Wunsch zu erfüllen.

Und weißt du, woher Ich weiß, was in dem Brief geschrieben steht? Ich habe den Brief ja selbst geschrieben.

108 Ich habe das, was nicht Ich bin, erschaffen

Ich habe das, was nicht Ich bin, erschaffen, damit unser Spiel den Gesetzen des Spiels nach gespielt wird.

Vermeide das, was nicht Ich bin, damit Ich und du das Spiel dem Gesetz nach gewinnen werden. Wir brauchen einen Gegner, nicht wahr, Mein Mitspieler?

Ach nein, er ist kein Gegner, er ist nur ein Gegenspieler. Kämpfe ehrenhaft, bemitleide ihn in deinem Herzen, aber gehöre ihm nicht an; danke ihm, denn nicht wegen sich selbst ist er hier, sondern wegen dir: damit du das Spiel dem Gesetz nach spielen kannst.

Klang der Seele

Nachschrift

Heute ist Pfingsten, Ende Mai 1993, in Zagreb. Seit der ersten Ausgabe von „Hundertundacht" in Makedonien sind zweieinhalb Jahre vergangen. In diese zweieinhalb Jahre drängte sich ein ganzes Jahrhundert an Toden und Zerstörungen. Verbindungen brachen ab, viele haben sich von vielen getrennt; aus der Fassung geratene Bücher schreckten vor der analphabetischen Gewalt zurück. Ein großer Teil der Exemplare der ersten Ausgabe befand sich in Sarajevo in Gefangenschaft, und Gott sei gedankt, falls sie jemandem als Heizmaterial gedient haben. Einige Bücher gelangten in den Taschen seltener Reisender nach Kroatien.

Deshalb werden das erste und zweite Buch noch einmal in Zagreb verlegt.

V. K.

Die zweiten 108 Botschaften

Weitere Bücher im  Schirner Verlag

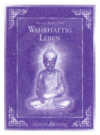

Meister Hsing Yun
Wahrhaftig Leben
Buddhistische Ethik im Alltag
250 S., Hardcover
€ 16,40 [D]/sFr 29,20
ISBN 3-930944-98-7
Eine in Themen gegliederte Einführung in die buddhistische Lebensweise in eingängiger Sprache und mit Beispielen aus dem Alltag

Meister Hsing Yun
Buddhas kleines Stundenbuch
Buddhistische Weisheiten für den Alltag
112 S., Paperback
€ 7,– [D]/sFr 12,60
ISBN 3-89767-115-8
Wortperlen der buddhistischen Lehre von starker Aussagekraft und philosophischer Anmut, die sich jede als Leitspruch für unseren Alltag und unseren täglichen Umgang mit Menschen eignen

„Wer diesen Lehren folgt, wird so strahlend wie die Sonne und der Mond und kann alle Dunkelheit überwinden."
aus dem LOTUS SUTRA